畢德歐夫 —— 著

最美好、也最殘酷的翻身時代

畢德歐夫帶你掌握理財 5 大關鍵

推薦序

一本有溫度、有情感的理財書

蘇百舜

畢德歐夫是我的好友。二〇一三、二〇一四年時，做美股的人很少，他是極少數在撰寫美股的部落客，而這也是我想學習的方向。當時經由朋友引介認識了他，就跟他學了不少寫文章的技巧。

後來，我們的發展方向逐漸不同。我更深入研究美股公司，提升研究功力，也開始服務法人客戶；他則更著重在個人理財。

爲什麼呢？

他說：

「因爲這樣能幫助更多人。如果連理財都理不好，還投資什麼股票？」

他進一步說：

「你很難想像有許多高收入的人，卻連我們眼中基本的理財知識都沒有，更不用說收入不高的人了。」

嗯，這初衷很棒，但網路上講理財的人很多，我總不免替他擔心進入一個競爭激烈的市場。

好在，這本書裡沒什麼數據、理論，而是一篇篇的故事。他的理財文章甚至比以前美股文章寫得更好，更有溫度、更有情感、更讓人想讀了再讀。

我猜，一方面是他也老了（哈哈哈），差不多四十歲，已經有了一些人生經驗；又是隻身從外地來台北打拚，一路苦過來；再加上身爲丈夫和雙寶爸，更懂得當父母的心情。這些經歷加起來，讓他的文章不是只有理論，而更結合了經驗與心路歷程，大家會更有共鳴。

而且，他也認識不少成功的投資人和世家子弟，所以在講理財常識之餘，也能說出許多特別的投資想法和觀點，這都是其他理財書裡少見的。

不過，可別以爲這本書裡有什麼瞬間翻身或者立刻退休的祕技，世界上沒有這種東西。

但如果你跟我、跟畢大一樣只是個平凡人的話，或許看了這本書之後，會減少一些對生活的焦慮和不安，更清楚自己現在的狀況，也更知道下一步該怎麼做，然後踏實、積極的努力著，一步一步朝目標邁進。

我想，這應該就是畢大希望讀者看完這本書後得到的收穫吧。

（本文作者為「百舜的美股 & 投資專欄」版主）

前言

我們都可以給自己（和下一代）更好的未來

過去幾年，我回覆過很多讀者來信，以及在實體講座中與很多讀者接觸的經驗，我發現，許多人的投資理財知識僅限於股票、基金，有些人甚至從未接觸過。

其實，家庭理財不只是股票、基金而已。這問題牽扯到原生家庭的財務狀況，以及要生養幾個孩子，要買多大的房子、保險等等。

很多人出社會賺錢，不外乎想著可以趕快退休。如果可以賺更多錢、用不完的錢，那該有多好。可以環遊世界、可以到處血拼、可以買跑車買豪宅等等。

但實際上的財務自由並不是這樣的型態。

我們出社會後，要面對無數的工作挑戰，以及步入中年後變身夾心餅乾的困擾。要達到眞正的快樂，錢眞的很重要，但錢也只是其中一個部分而已。在無法妥善控制自己的心智，無法處理各種物質欲望的時候，錢財是留不住的。這是接觸了數百位讀者的案例，很清楚顯見的道理。

年收五十萬的人，總覺得要是自己年收百萬，就可以解決眼前的困難；年收百萬的人想著，如果有一天年收兩百萬就可以讓自己快樂；年收兩百萬的人想著，如果有一天年收五百萬就可以財務自由！

其實，眞的到了年收五百萬還不快樂、深感手頭很緊的人也大有人在，這中間到底哪個環節出了問題？

生活上，很多理財的細節都不是什麼太艱深的學問，只是看有沒有人點醒而已。

我從外地踏入台北這座大城市，僥倖遇到很多好友、貴人的教導，能夠在此落地生根，比預期還要早達到人生的目標，這是我非常高興，也充滿感恩的。

要出這本書之前，我想了很久，畢竟這是吃力不討好的事情。很感謝家人、朋友與出版社同仁的打氣與支持。思考過一段時間後，我覺得應該要爲這社會留下點自己的軌跡。

白手起家確實絕非易事，一路走來的甘苦談，眞的是說也說不完。但一本書畢竟篇幅字數有限，大約就是八、九萬字，太厚也不恰當。我整理一下要放入的文字，其實有不少文章都想分享給讀者，經過精挑細選後，仍逼近十五萬字，編輯說只能先割愛，才能符合一本書的厚度。只能繼續濃縮、精煉，把最想傳達給大家的觀念留下，才順利誕生這本著作，希望能幫助到更多理財小白的朋友們。

本書共分爲六章，有「駕馭金錢」「累積資產」「理財之前先理債」「自住房產」「股市求生」這五大理財關鍵，以及與計程車運將的人生對話。內容都相當淺顯易懂，卻富含各種寶貴的眞人眞事心路歷程。

要用一本書來讓各行各業的讀者都滿意，這實非易事，不過，這些來自於社會小人物的眞實故事，應該可以帶給各位許多的啓發。多閱讀幾次，相信會有不同的感受。

二〇二二年的現在，依舊有不少年輕人認眞奮鬥著，也還有不少父母爲了一家人打拚。即便未來我們不能大富大貴，至少平安順利的趕在六十歲前退休，這是很有可能做到的。

我相信不管是哪個年代都有其困難要跨過去，絕非一句「以前的人比較容易賺大錢」，就可以當作自己懈怠的藉口。

我們都可以給自己更好的未來。

祝福每位讀者都能越來越好，有美好的一天，工作順心。

畢德歐夫

CONTENTS

CHAPTER 2

累積資產

——M型化加速的社會，請認真思考理財這門課

CHAPTER 3
理財之前先理債
——關於存錢、債務、現金流

CHAPTER 4

自住房產

——房子是我們的根，也是存放財富的好去處

CHAPTER 5

股市求生三法則

——停損、資金控管、資產配置

CHAPTER 6

計程車上的人生

——運將大哥與我的對話

CHAPTER 1

駕馭金錢

有正確價值觀，才可能期待財務自由

1 金錢有其時間價值，絕對不是再賺就好

大多數人在年輕時，會在花錢的項目上比較大方，覺得反正以後「再賺就有」。相信大家應該都聽過周圍朋友說過這句話。

這句話不見得是錯的，但大多數時候肯定是不正確的。

對我們來說，時間是固定的，扣除每天必要的時間消耗，例如：睡覺、吃飯、洗澡……等等。剩下的時間眞的要好好安排，這也是勝負的關鍵。

有人正職之外還有兼職，有人則是加班讓自己有多一點加班費，另外有些則是下班後花時間了解投資理財，充實自己的腦袋瓜，這些都是很好的安排。

金錢有其時間價值，並不是在做非必要消費時，用一句「反正再賺就好

了」就可以恣意揮霍。

時間等於金錢，時間可以用在美好的事物上，陪伴家人、老友聚會、談一場繽紛的戀愛等等。但是，你不可能把大把時間都拿去做這些事，卻又一邊想著要賺到更多錢，這是背道而馳。

對於金錢的運用，有一定重視程度的人，將來家庭財務規畫上也不會做得太差。目前接觸這麼多的案例，確實是如此。

曾經收到一位讀者來信，三十歲的年輕人，從事金融業，因爲台股航運股大漲，賺到一些錢，總算存下第一桶金。

他詢問：

「如何用這一百萬，擴增爲更多桶金？」

假如他是想利用這第一桶金，持續在股市中滾出更多桶金，我卻沒跟他說太多股票的事情，不知道這位讀者會不會感到失望。

我給的建議跟股市沒什麼關係，我建議他加強本業，甚至利用跳槽來增加年所得，再搭配自住房產，這往往才是第一桶金可以帶來的最大用途。

他說目前頭期款不足，而且未來還可能出國進修。但沒有提及近幾年內是否會結婚、生子，組織家庭，也沒談有到原生家庭是否能給予援助。

這些其實都很重要。能不能提早退休，享受財務自由，是由各項因素組成，絕非單看股市投資這一項目。

時至今日，因爲疫情的影響，越來越多人認識了股市投資。

有別於前幾年的冷清，現在的投資人應該很難想像，數年前，台股的成交值曾連續數個月不到八百億。

現在卻是每天都超過四千億。這不只是翻倍而已，還翻了好幾倍。

有位好友，本身家中環境就很好，總是謙虛說自己只是當年「游得快、投對胎」而已。前陣子，他跟交往多年的女友登記結婚了，暫時沒有要宴客，想要低調簡單就好。

女友家並不是開公司做生意的，就是平凡的公務人員家庭。結婚後，女友變成了太太身分，一樣繼續當個上班族，每天上班時數甚至超過十四個小時。

在台灣，這樣的職場生活屢見不鮮，待遇也不一定就比較高。

我問他：

「女友變成了太太，你有什麼感覺不同的地方嗎？」

好友僅是笑笑說：

「交往多年了，就老夫老妻的感覺。她也知道其實可以不用上班，偶爾也會嚷嚷著不想工作。但我覺得這樣不行，所以一直跟她說盡量不要麻煩到爸媽。」

說眞話，好友夫妻確實可以不用上班，但很堅持一定要工作的理由，無非是因爲還年輕，爲什麼不在社會上多累積一些體驗？

時間是有其價值的。有了錢之後，釋放出更多時間，不見得就要吃喝玩樂到老。這不是可以長期維持的生活方式。

價值觀錯亂之下，距離富裕會越來越遠。

工作一定會有不順利的地方，我們從這些挫折中學習與成長，這會得到成就感。

工作一定會認識到不同的人事物，我們從中拓展生命的寬度，這會得到成就感。

工作一定會讓我們看到社會的不同樣貌，也能從不同層面去精進自我，這會得到成就感。

有人說：

「工作不就為了錢？」

「工作哪有什麼興趣不興趣的？」

我一直不這麼認為。

工作的確有一大部分是為了賺錢，這顯而易見，就不用贅述。

但如果工作眞的「只是」為了錢，那會過得很不快樂、很辛苦。也很難解釋社會上有這麼多早就不缺錢的人，卻還是敬業的工作著。這樣的案例相信讀者的周遭一定有。

就以我那位好友來說，他的妻子也算是嫁入豪門。二十多歲的女生，每天依然去上班、加班，難道眞的是為了那三、四萬的薪水嗎？肯定不是。

甚至有段時間加班過頭了，好友勸妻子轉換跑道，不一定要繼續留在這家公司，但妻子始終拒絕，因爲她覺得在這家公司可以學到很多東西，還可以繼續進步。

好友也尊重妻子的決定，只能繼續力挺，只是偶爾感到不捨。

他說：

「我想要有夫妻倆一起爲這個家努力奮鬥的感覺。如果幾年之後，覺得體驗夠了，再轉換生活方式也ＯＫ。但現在的我們都太年輕了，我爸能給什麼協助，都是以後的事，現在先不想這麼多。」

我也會心一笑，可以理解好友內心在想什麼。

財富的價值，不只是讓我們想買什麼就買什麼，而是讓我們有「選擇」的權利。選擇生活的方式、選擇工作的模樣、選擇生活品質的程度……等等。價值觀正確，走正道。你將時間花在哪邊，將來自然會慢慢回報。

駕馭財富不是馬上學得會的。如果一個人連一百萬都還沒有，怎麼談一千萬的分配與掌控？

畢大想跟你分享的是——

時間是有其價值的。

如果不能在年輕時把底子打下來，二十歲到三十歲這段寶貴時間過了，下個階段很容易忙到頭昏眼花，連存第一桶金的機會都沒有了。

這第一桶金的實際作用可能不大，畢竟現在一百萬能做的事情變少了。

但是，存到第一桶金的過程，讓我們學到賺進其他桶金的方法與經驗，那才是我們最珍貴的資產。

2 富人想著如何創造彼此最大利益，我們從這點學習

坊間追求財富的各種書籍中，不外乎幾歲就達到財務自由，提早退休，或是用什麼招就能一直股市提款之類。

當然，還有一類是「有錢人不做哪些事」或「有錢人默默在做哪些事」。這些書我年輕的時候也會看，倒也不是說全然無用，我們在閱讀、學習的過程中，本來也會學習到哪些方法不適合自己，或者哪些資訊其實是無用的。經過反覆的思考、嘗試、實作，就會有收穫。

就以「有錢人默默在做哪些事」這系列書來說，我必須說，富人們眞的形形色色，並沒有「一定做什麼」或「一定不做什麼」。

這種書提供的就是一種觀念，重點還是讀的人施行到什麼程度？具體施

行還是因人而異，不是照單全收就有用。

例如：有錢人一定大量閱讀，確定嗎？

我認眞想想身邊的朋友，會閱讀的其實就是一半再少一些。因爲他們大多直接從實作中得到經驗與財富，或者藉由人脈網，學到怎麼做比較有勝算。

當然，**閱讀是我們尋常家庭孩子最划算的投資**。因爲我們沒有富人家庭龐大的資源。

在閱讀這塊，我算是受益匪淺。到台北打拚，剛開始哪可能認識什麼人脈，就連年收入過百萬的朋友都沒認識幾個，或者認識了，不熟也沒什麼用。

切記，所謂的人脈，並不是指「你認識誰」，而是當你需要幫助時，一通電話過去，對方眞的會出手幫你，那才是你的人脈。

再舉個例子：有錢人都是靠被動收入累積財富，確定嗎？

其實這點也是一半一半，除了一些老房東不斷收租之外，許多新的富人都是靠著本業——新的事業模式——賺到大錢。買房、買股反而都是其次，僅算是資產配置的一部分。不管是房產的增值，或者股票的上漲，都是後來錦上添花的事情。

對我們一般人來說，最棘手、最難以克服的是以下三點：

一、缺乏財商觀念

二、本業現金流過於單薄

三、想著快速致富，卻不斷虛耗時間

第一點還可以藉由上課、看書，或者網路上的優質影片來改善。

第二點就需要花一些時間思考，畢竟大多數人都是穩定的受薪階級，領固定的收入，突然想要「擴大現金流」，那還眞的有點難。

最後一點則是因爲不認識眞正富有的人（有時候難免會遇到騙子或誇大不實的朋友），沒看過獲利（收入）曲線的正確發展。

一般人總以爲，假設二十四歲第一份工作月收入三萬好了，那麼二十五歲三萬二，二十六歲三萬五，之後慢慢到了三十五歲，就有五萬之類。

這誤會大了，因爲如果我們的收入是這樣成長的話，就很難解釋爲什麼會有這麼多人月收入超過十萬，甚至二十萬。這並不合理。

這事情我十幾歲時就曾經想過，但是缺乏財商觀念的雙親並沒有辦法給予一個好的答案。直到踏入台北這個大城市，才陸續了解到——

富人忙著「做好一件事」。

把一個事情做好，就會得到豐碩的成果。

所以，也可能連續三、四個月都還沒完成，收入相當少。但他們不在乎，因爲重點是把事情做好，做到盡善盡美。

舉例來說，很多知名歌手都是多年來無人聞問，但是藉由一個舞台的機會，才瞬間讓很多人認識他。

你說這是機運嗎？

好的，我也認同，但不可否認的是，他們也準備好了。

有多少人想著要快速致富，羨慕這些歌手或表演者能夠年收數千萬。但有沒有想過，那是因爲他們之前做了很多準備。

上台的那一刻，像是跨年晚會，唱兩首歌就有兩百萬之類的，但眞正關鍵是「上台前的那些年」他們做了什麼事。

這個價値觀非常重要，也是喚醒我的重要時刻。

我徹底擺脫了「每月要有多少收入」這個想法。

就像我們操作股票，不一定每個月都是獲利的。每筆單子本來就是有賺有賠，如果一心追求每筆都要贏，最後很可能是輸慘。

因爲你會在不能留單的時候，留了下來。帳面已經虧損連連的單子，你卻還是緊緊抱住。

反而是有潛力的股票，卻因爲到了月底，覺得要有進帳才行，就賣掉股票變現。這樣怎麼可能賺得到股市裡的大錢？

有位富三代的好友，他已經不能算是富二代，他的好友圈口袋幾乎都有一定的深度。他提到有位朋友原本很窮，是他的好友圈中少見的，算是朋友的朋友。這個年輕人有一次打電動，在買賣遊戲點數的過程中，意外發現可以利用平台以及國與國之間的資訊落差做套利。

他講了老半天，但我實在聽不大懂，畢竟當了二寶爸之後，已經不是年輕人那掛。

這個年輕人後來確實因此翻身了，在台中買了一間大房子給一家人住。

在平凡的生活中，尋找各種套利的機會，你才可能賺到「不凡」的利潤或收入。

富人們的致富方式千奇百怪，消費型態也是各色各樣。若真的硬要說他們的共通點，我覺得大致上有三點：

一、對數字觀念很敏感

二、很會尋求互利

三、執行力很徹底

對數字觀念不敏感的人，就算一開始賺到了一些錢，也可能被底下的人賣掉都不自知，或者是賺到了一些錢，便大肆消費，花到自己其實無法承擔的數字。

尋求互利這件事，我認爲，不管是面對客戶或同業競爭對手，都要常常思考如何讓對方有好處，而非只是自己有好處。

當我們一心幫別人設想（當然自己也不能虧太多），一路上就會有越來越多人想來幫助你。

因為大家都知道，跟你一起做事是有利的。

最後是執行力的部分，這點相信大家最有感，應該不用多做解釋了。想跟做，中間有很大的差距。想再多卻沒有做，那都沒用。

大部分的時候，輸家跟贏家就差在執行力，倒不是因爲誰比較聰明。

畢大想跟你分享的是——

不需要把時間花在互相扯後腿。

富人們之所以越來越有錢，是因為彼此都知道可以交換彼此的強項與優勢。

簡單來說，尋求互補，就能創造出更大的報酬。

相反的，如果一心仇富，很可能遇到好的機會卻沒發現。

當這個好的機運離你而去時，才驚覺失去了什麼。

3 跟上山種橘子的高材生好友，學習駕馭金錢

常有讀者問：

「請問到底要有多少錢，才算財務自由？帳戶有一千萬嗎？還是每月收入有十五萬？」

不管是年輕人或是中年人，都會想知道這個問題的答案。

不過，這題說起來還算是有標準答案，那就是**「每月的被動收入大於生活開銷」**。

基本上，就算你每個月收入僅四萬，但是沒婚、沒生，而且家中本來就

有房子讓你住，那麼，工作到四十五歲，要累積到一定的財富應該不算難。倘若工作不順心，換個工作也不打緊，這就算某個程度上的財務自由。

但假如一個人年收有一百萬，但他的家庭年開銷達一百五十萬，這樣也是壓力重重，沒有達到「舒服無壓」的生活。

太多網路廣告都在強調利用股市賺到多少錢，比較少人提到本身開銷的控制。直到這幾年才看到比較多人在討論。

這其實是好事，也許人們也慢慢意識到，賺的錢變多之後，生活上的物質享受拉升得太快，反而讓自己有點喘不過氣來。

也許有讀者不屑一顧的說：

「按照畢大你這樣的說法，那乾脆我去住山上，沒超商、沒全聯、沒商家的地方，一個月收入只有兩萬元，不也算自由？」

關鍵不在於住哪邊，而是你到底喜不喜歡這樣的生活？

假如你發自內心就是想過這樣的生活，那有何不可？

但是對一個就是喜歡都市便利性的人來說，你把他丟去山上，即便一個月給他四、五、六萬，或者更多，他一樣過得不快樂，只是看著存款數字增加而已。更何況，追求高度便利性，這幾乎是人的天性。

有一位朋友，家裡是開公司的，在新北中和跟對岸的中國都有工廠，也是讀台灣第一學府商科第一志願的高材生。

不過，認識這麼多年，他還真的有夠省。由於家裡養生，習慣吃無油料理，青菜永遠用水煮或川燙。平常也沒什麼消費欲望，衣褲穿以前學生時代的，這可以理解，男生本來就常這樣，不算少見。可是幾乎沒在超商買過飲料，這點時下年輕人就很難做到了。

他說：

「我花錢買化工糖水要做什麼？」

這也可以理解，我大致上也做得到。但有一次，我就真的服了他。

他跟爸媽說，實在不想回公司接班，想去過山林的生活。於是就跑去台中山上。他親戚在那邊種橘子跟一些其他水果。

整個山頭上就他親戚跟親戚的兩個兒子，加上他，共四人。另外還有兩條狗，有沒有貓我倒是忘了。

那裡連網路都沒有，只能打電話。電視就看傳統的那幾台，不過也幾乎沒在看。兩週下山一次，採買生活必需品。平常就是採收水果、耕種、搬貨，皮膚也曬得黝黑不已。

打電話給他，想聊個幾句關心一下，還常常收訊不好，就放棄了。

我笑稱他這是「修行」，何必這麼想不開。

但是他不改其志，只笑笑回我：

「上山種橘子有什麼不好嗎？一個月親戚給我兩萬五，我一毛也用不到，而且身體絕對比你健康。」

這樣的生活你說他很苦嗎？

一年半載之後，家中的權威——他父親淡淡跟他說：

「也差不多夠了吧，回公司幫忙做點事情，就這樣。」

也沒什麼爭吵，畢竟人家家中的溝通方式就是比較平靜。他也就默默結束了這段近兩年上山當農夫的日子，去對岸的三線城市管工廠了。

不知道讀者覺得他在山上比較快樂，還是去對岸管工廠比較快樂？

身為商科的高材生，幾個同班同學都是一流企業的翹楚，而他在職場上的成就真的是相當普通且平庸。家中給的薪水跟一般員工並無兩樣，都是一樣的計算方式。

以前，他從台中回台北的時候，都會提著一大袋橘子來給我。有的外表醜醜的，他都笑得燦爛說：

「那沒關係，都很甜。」

說真的，很甜，這是好友的一份心意，也是滿滿辛勞種出來的橘子。

這幾年，我因為寫作、交易，認識了許多讀者朋友，也協助他們解決一些理財問題，才發現，很多人都被工作綁死。

雖然每隔兩、三年，收入又更上一層樓，年收達到兩百萬或三百萬，卻不夠家用，這真的讓人匪夷所思。或者買了很好的車，但養得很辛苦。

我總會想起這位好友說的：

「賺再多，卻連自己想要什麼都不知道，不是很可憐嗎？而且，錢就是一個工具，不懂得駕馭的話，好像也沒什麼用。」

年收百萬，這是很多一般上班族的理想。

台灣科技業在二〇二〇年全球新冠肺炎疫情爆發後，業績眞的很不錯，分紅很多，竹科有不少朋友都受惠。

拿到錢若不好好投資理財，趕緊提高被動收入，只是繼續拉高非必要的開銷，那當然只能繼續埋怨公司沒人性，超時工作又爆肝。

賺錢是爲了讓家庭更和樂，讓自己更健康，至於要賺到多少錢才算夠？

這題要問自己，每個人心中的答案都不相同。

畢大想跟你分享的是——

從小錢累積到大錢的過程中，我們都需要學習如何駕馭金錢。換個說法，也可以說是學習「如何掌握自己的消費習慣」。假如我們賺錢，只是想要無止盡的擴張消費欲望，那真的很容易帶來災難。

我看過年收入八十萬的人財務自由，也看過年收入兩百八十萬，卻非常不自由的人。

這一切出了什麼問題？值得讀者好好思考，也想想如何讓自己比較快樂。

4 居家工作不一定比較輕鬆，你必須非常自律

常聽身邊朋友說羨慕居家工作的人。相信你們周遭也有這樣的朋友。不可否認，居家工作的確多了很多自由跟彈性。但一樣要靠很高的自制力去維持，這點我應該挺有資格說說。

我在網路上發文的頻率，相信我的專欄讀者都很習慣，臉書粉專上的置頂文也介紹得十分清楚。

寫久了，有時候突然有事沒辦法寫，還會覺得有些不習慣。

這跟做股票交易有點像，對市場的熟悉度是很重要的。

對於交易週期短的交易者來說，假如因爲有什麼事，導致兩、三天沒交

易，突然面對電腦螢幕，還眞的會有些陌生感。這應該很像打籃球、打棒球，也有所謂的「球感」。這時我們往往會採取較爲保守謹愼的方式，先暖個身。

對於工作態度這事情，倒也不必講得太八股。很多人一定覺得還不就混口飯吃。每個人價値觀不同，我認爲不打緊，開心就好。

只是，我們都知道，爬樓梯永遠比下樓梯要辛苦得多。倘若一開始的工作態度、做事態度就是馬馬虎虎，那麼，過了幾年沒有取得太大的成就，應該要視爲理所當然，而不是開始眼紅別人的成就。

畢竟，這結果應該不會太意外才是。

這世上有沒有不勞而獲的事？

我相信有，只是永遠輪不到自己。

沒有任何依靠的我，從年輕到現在，還眞的都是看著別人不勞而獲。但那也只是極少數的人，眞的不多。

以前我也會想著：

「怎麼別人都這麼好運，我就沒有？」

比較有歲月歷練之後，才發現可能有以下幾種情況：

一、人家的背後努力你沒看見，對方說自己好運，只是客氣話而已。

二、對方可能真的好運，但依舊與我們沒啥關係。

三、對方家庭資源豐富，只是不便明說，就推說是好運。

要是有讀者問：

「萬一我就是那個地獄倒楣鬼，努力老半天，數年下來，還是沒有什麼成果，不就代表白打拚了？」

假如你要追求這種超低機率，我沒有太多意見，只能說直白的說：

「是。」

這也是挺不簡單的，一般看到的案例，至少都會比前幾年好上許多。

即便還不到財務自由的程度，那也無妨。

反倒是很多財務較爲困窘的人，會這樣認爲：

「我已經夠拚了，怎麼還沒發財？我一定是運氣不好，沒遇到貴人！」

但貴人出現了，眞的就有用嗎？

眞正的有錢人算得可精明了，想要攀親帶故，那是絕對沒可能的事。大家彼此尋求的是資源交換，創造更大的雙贏，而非你贏我輸、我贏你輸這種關係。

永遠不要想著去攀附別人，而是要強化自己的技能，讓別人可以「利用」。

越年輕的新鮮人，越要特別注意，別硬是裝熟。有時候，當欲望太過明顯，就很難看了。

再者，當你慢慢成長茁壯，成爲一個咖的時候，就會有很多人把你當一回事。

經營你想要成為的自己，持之以恆的耕耘，有一天自然會成功。

上班族讀者一定心想：

「每天不就是這樣朝九晚五的上班？那到底怎麼樣才能發財？」

是的，你都這麼認定了，要發財確實很難，幾乎不可能。偶爾玩玩股票，賺個幾萬、幾十萬，也不算什麼發財。

但要記得，這個年代處處是機會。

假如生活還過得去，與其抱怨自己的工作環境、同事、上司、薪資待遇等等，不妨想想看，自己是否有能力轉爲居家工作者。

爲什麼會這麼說？

我認爲，居家工作者是界於「老闆」與「員工」之間一個很好的試金石。

不少人都是從員工就想跳級當老闆，後來虧光資金，甚至把家裡的唯一房產給敗掉，這很常見。

但一般的上班族，就是受薪階級。說老實話，台灣的老闆都很精明，就算給到很高的待遇，往往也要操爆你的工時。這樣的人生好像也索然無趣。

既然這樣，除非家境眞的很貧困，極需一份穩定的薪資，否則，不妨試看看先當居家工作者。

一方面，因爲在家中工作，不用去公司，可以省去大量的通勤時間與費用。再者，也能檢驗自己是否具備當老闆的資質。

每一個成功賺錢的老闆，一定每天都想著如何讓自己的公司茁壯。要是下個月沒訂單、沒客人，薪水要怎麼發出來？

這些事情會讓一個人成長，思維會整個轉換，跟以前上下班打卡的心情很不一樣。

當然，當居家工作者，需要極高的自律能力。

如果在家工作，卻是早上睡過頭，下午打電動，想說工作晚上再做吧！哪知道晚上突然接到朋友的電話，說他失戀了，要你陪他喝兩杯。怎麼辦？工作進度又延後了！只能繼續拖到隔天。

常發生這種慘劇的人，工作的效率一定很低落。

這樣的話，自己也要心知肚明，沒辦法脫離當上班族的宿命。

認真回辦公室上班，腳踏實地，也是能過不錯的生活。

當老闆賺大錢，終究有很多人是失敗的，那麼，居家工作這個階段，就是很好的實驗。

畢大想跟你分享的是——

居家工作常讓人有個錯覺，就是很輕鬆，時間都是自己的。

以我本身的經驗來說，已經很多年來都維持極高的自律能力。每週幾次的快走、幾次的健身、幾次的書店、每天早晚的發文，以及晚上的盤前作業，到開盤前的瞬間買賣力判斷和盤後的檢討等等。

當然還包含了照顧孩子與家事，演講內容的準備等等。

這些事情看起來都是小事，但累積起來，確實是很龐大的工程。

「自律才能帶來自由」，請一定要記住這句話。

5 高價商品需要一個撐得起的主人，否則只會淪爲配角

好友老張，習慣做大撈家，也就是趁利空時大撈底的操作方式。

我們認識滿多年了，超過十年應該有。他比我更早採用「小黃代步法」，也就是住台北，移動就靠捷運跟計程車，偶爾加上步行。他跟我說，在他的朋友圈中，他算是很省的，常被朋友們說太節省。

剛認識他時，總覺得老張講這什麼屁話。

一個月光是搭計程車，就要花掉一萬多塊，甚至到兩萬。

飲食的部分，他週一到週四吃素，週五到週日才大口吃肉。還會提醒我，即便是吃素，也要吃大量的蔬菜，而不是一堆假肉假魚（就是外表弄得很像肉，其實不是肉的那種）。十多年前我並不懂這些，只覺得他連吃飯都很花

錢，吃個素食自助餐，還要花到近兩百元。

當時我覺得，買個五、六十元的便宜便當，有肉有菜，有時候還有魯蛋，這樣更划算，還吃得飽。

慢慢隨著年紀的成長和經濟能力的上升，加上那陣子黑心地溝油的新聞，我才認知到，老張眞的是富家養出來的。

台北房價之所以這麼高，有一大原因跟大眾運輸的完整性有關。除了捷運、公車，計程車也非常發達，需要用車的誘因就大幅下滑了。

然而，社會上有許多人在財務能力尚未穩固前，就買下一部新車，或者還不錯的進口車。

當然，有些工作性質一定要用車，那另當別論。要不然買車，跟買房或買股這些投資相比，眞的完全不能比。

住台北，光利用這些大眾交通工具，就足以省下好幾桶金。

老張的朋友圈也是十分精彩。以前不認爲他簡樸，只覺得他隨便說說而已。不過，後來也慢慢理解爲什麼他這麼說。

某天，他傳來一張照片，他的一位好友正在採買名牌包。是位年輕老闆，做餐飲的，生意做得不錯，分店也有幾家了。

老張說：

「你看他這照片，全身上下哪個配件不是名牌？就跟你說，我被朋友們說太節省，甚至被罵省過頭，你還不信。」

據老張說，這位朋友做餐飲生意，常常需要應酬，每天忙到深夜才睡，身體這幾年差了很多。一起打球時，體力一下子就不行了，跟以前相比是每況愈下。

錢應該是有賺到，餐廳的評價不錯，好像用料眞的很厲害，消費者也很捧場。

但賺到錢之後，常常就是大花特花。往好處想，是促進社會經濟，不過，到底有存多少下來，那又是另外一回事了。

我說：

「如果是這樣的話，我不覺得是眞正的富裕。他其實有點辛苦，我並不會嚮往這種生活。五光十色的環境，應酬喝酒到深夜，在各大名牌店打卡，買包炫給臉書上的朋友看，也許覺得這是很過癮的事，不過身體還是要顧。」

所謂的消費標準，我是參考前輩的智慧。股神巴菲特的合夥人查理・蒙格有句話是這麼說的：

「只要收入永遠大於支出，並且加上你會妥善的投資，那你這輩子致富只是早晚的事。」

讀者乍看之下可能覺得：

「廢話，我當然知道。」

但「收入永遠大於支出」，光這條就有多少人是做不到的，更別說下一個「妥善的投資」。短短這段話，就包含了許多理財的智慧與人性的貪婪。

對一個大老闆來說，買部好一點的進口車，甚至請司機，或許是必要的，他更安全，也能在通勤的路上一邊處理公事。

也許這部車要三百多萬，或者五百萬，但他的年收入可能是數千萬，那我們會說這樣的消費並不過分。

但一個普通的上班族，如果不克制住這些欲望，月收入不管是從五萬變成六萬，甚至過幾年又變成八萬，但你的生活水平跳升得更快，車子一部接著一部換，不需要名牌跑車就足以把你的財務拖垮，這點必須特別注意。

永遠不要背叛五年後的自己，請為將來五年後的自己留下一些銀彈。

也許年輕讀者現在打著不婚主義，但將來有一天還眞的給你遇到了眞命天子、眞命天女，怎麼辦？

人到了中年，甚至到了晚年，會更容易覺得孤單、寂寞。

也許你現在覺得當頂客族很好，結果過了幾年，另一半跟你說：「好像有個孩子也不錯。」那是不是也要突然花掉大量的金錢？

我周遭就至少有五對這樣的好友，原本不打算生小孩，哪知道過了四十歲，或者接近四十歲時，因爲人生一些際遇，才覺得非生不可。這種時候就尷尬了。花了更多的金錢與更多的精力，卻是失敗又失敗，完全不知道下一步怎麼走。我們這些做朋友的也不知道該怎麼安慰。

當然也有成功的案例，但育兒就更辛苦了，因爲體力也是關鍵要素。至於生了孩子的家庭，那更不用說了。

遇到不少讀者都是後知後覺型的。他們跟我說，原本沒想這麼多家庭財務的事，結果有了孩子之後，整個看法大改變，才後悔以前怎麼沒留些錢下來，現在好像有點吃緊了。接著就是看各種理財雜誌，自然被那些高報酬、高獲利的吸引目光，要不然就是大聲疾呼：

「我要求眞的不多，每年一〇%或一五%就好。」殊不知這偶爾一年是不難，要連續三十年還眞的很難。

從年輕到現在，在夜深人靜的晚上，總會想著，感謝十幾歲的自己，養成簡樸生活的好習慣，讓我可以不需要追逐無止盡的財富，陷入了一個又一個的物質漩渦，眞的感謝上天。

任何高價商品都有其道理才會存在。

但買了一個高價商品，也要有一個撐得起它的主人，要不然你就變成了配角。

畢大想跟你分享的是——

不要看著朋友的臉書、IG等社群媒體的照片，就認為自己也要這樣子過生活。

每個人年收入不同就算了，原生家庭的狀況也大不相同，沒辦法一概而論。

有些夫妻立志當頂客族，沒有生養孩子，自然會多出許多預算，甚至進一步靠投資股票、房地產，又多賺了幾百、幾千萬。

但這些典範不一定能讓我們完全複製。

請盡可能理智思考，不要陷入各種高報酬商品的漩渦之中。

6 永遠要假裝自己沒賺這麼多，除了騙別人，也要騙自己

因爲跟一位好友吃中飯，就到捷運中山站附近走走。路上許多打扮時尙的年輕人，看了賞心悅目，也驚覺自己原來距離青春二字已如此遙遠。

好友同樣在金融界服務，身材高大，身高應該有一八五吧！我在旁邊顯得弱小。我們做了很多美國產業面的討論，也聊了一些對於未來的人生規畫。

身爲專業分析師的他，對於學習是非常有熱忱的，但工作就是這樣，時間有限，他趁著轉換跑道之際生出了三週的假，讓自己喘息一下，也想到處走走。

以前就知道他喜歡到處旅遊，去過美國東岸、法國、西藏、泰國、帛琉……等等。在這點嗜好上，我們雖然大不相同，不過聽他說著種種見聞，

也是滿有樂趣的。

我們認識了應該有六年左右的時間，這樣不知不覺也步入了四十歲。他還沒結婚，講話很有內涵，算是少數幾位可以約我出家門三公里外的好朋友。沒辦法，有了孩子之後，我就不想跑太遠。

他笑咪咪的說著：

「嗨，畢大，最近好嗎？我都有看你粉專，你眞的每天都寫很多內容，挺佩服的，要是我就會偷懶了。」

我笑著說：

「就興趣嘛，我現在的頭銜就是居家宅爸一枚，寫寫東西有益身心健康，不然要幹嘛。讀者想看什麼內容，自己挑著看，自在舒服就好。」

「不過，現在整體社會眞的M型化很嚴重。我有朋友也大概四十歲，夫妻生了兩個孩子，年收合計大概三百萬，卻說什麼不太夠用，都不知道是怎麼回事？我一個人過日子是很容易，只是覺得養個家這麼困難啊？X，也太扯了。你文章也提過這樣的案例，對吧？」

和金融圈的好友聊天總離不開錢。好友這麼聊著，我也習慣了。

過去曾經提過，假如一個人從二十五歲開始工作到三十歲，年收從四十萬，變成六十萬（包含三節獎金、年終、分紅等等），看似增加了二十萬，但生活水平如果也同步上揚，那當然是存不到錢的。

原本一個月賺四萬，後來加薪變成五萬，看起來增加了一萬，但這是假象，如果開銷同步變大，甚至一口氣拉升太多，反而變更窮，這一萬元的加薪是不夠用的。

況且，加上房貸、車貸、幼兒園的費用等等，眞的會讓人喘不過氣來。

好友又接著說：

「我這朋友說，光是幼兒園，兩個孩子每個月就要燒掉最少四萬，加上夫妻上班各開一部車，所以有兩部車，還有房貸，好在家裡不需要給孝親費。這樣聽起來眞的很可怕。」

其實幼兒園也是有便宜的，房子當然也是。

只是，家長心中也會有一套挑選標準。以台北市來說，幼兒園費用每個月兩萬算普通（全年費用加總後除以十二計算）。這樣的費用不算太高檔，眞要找一萬八或一萬六也是找得到，但就要碰碰運氣。至於公托，這就是大家熟知的「看得到抽不到」，就不用多做討論了。

房子這項目就更不用說了，這年代，要買都會區新屋有多難，相信大家都知道才對。如果不是家中有幫忙一些，那眞的很不容易。

如果買外圍一點的區域，就要看夫妻倆能否接受了。

當然，我相信年收三百萬的夫妻，應該是還有什麼比較大的開銷，要不然不太可能說什麼一年只能存十幾萬，稍微誇張了。像是新冠肺炎疫情發生之前，肯定常常一家出國玩。現在不能出國，所以會到處露營、住宿……等等。

這都沒什麼對錯，只是，既然要擁有這些生活體驗，那就是用錢來換。畢竟民宿老闆也是提供了商品與服務給你。

錢就是這樣一直燒燒燒。

看你想達到什麼樣的生活水平，自然要爲此賺到更多的錢才行。

資本主義中，所有商品的定價均有其根據，要不然早就從市場消失了。

每樣商品的定價都有它的市場機制，像是雙B、保時捷、法拉利、藍寶堅尼、各式名錶、柏金包……等等，商人提供這些商品，並不是給一般人，而是給「適合的人」購買。

況且，這些也不是生活必需品，賣得再貴，說眞的，也不關我們的事。普通人想追求這些商品，並沒有什麼問題；商品賣這麼高的價格，也沒有什麼問題。那問題出在哪邊？

問題出在，你的財務能力尚未達到購買的水平，卻一直哄騙自己已經可以購買。

當生了孩子、買了車子，開銷變大，收入卻只有增加一點點，又想讓孩子有豐富的旅遊體驗，其實能夠做到這些的，大多數還是有原生家庭幫忙，只是沒人會大聲嚷嚷。

畢竟，誰會大聲說自己拿爸媽的錢出國玩？

生活投資理財就是這樣，道理懂了，還要做才有用。如果不自律，那錢永遠都不夠。

也很常有讀者問：

「台積電現在六百（或者不到六百），可不可以買了？」

「台積電現在六百，會不會很貴啊？」

其實台積電六百哪有什麼問題，但如果你存款剛好就只有六十萬，卻想要梭哈去買一張，這才有問題。

甚至明明錢不夠，還去融資、跟銀行信貸，硬逼自己買台積電。利率高達四％、五％，卻還是要借錢買股票，這才有問題。

如果你存款有數千萬，或者每個月有很豐富的現金流，可能十萬或二十萬進帳，那你買一、兩張五百五或六百的台積電，應該也無感。

爲什麼投資股票到最後，強調都是玩人性，玩價值觀？

因爲我們的價值觀、金錢觀，肯定會牽連到最後的股票績效。

散會時，我跟好友說：

「還好你也跟我差不多，物欲都不大，加上你還單身，趁現在可以多存就多存。你說之後想定下來了，結婚、生小孩，還有很多事情都是挑戰。」

好友客氣說：

「畢大，眞是謝謝你，往後還有很多問題要請教。你孩子都長這麼大了，這投資眞不小啊！」

男人四十一朵花。花有三種：一種是不敢花，一種是拚命花，一種是很花。

普通人當了爸爸，什麼錢都要省，還要拚命找財源。畢竟家中沒富爸爸、富媽媽可以靠，明明月收入有七、八萬，卻怎麼樣都不敢花。

另一種是家中多少有靠山，所以可以賺多少花多少，這種也不少見。四十歲也達到一般人理想中的生活標準，日子過得舒適，沒有太多顧慮，這種就可以拚命花。

最後一種是，男人到了四十歲，通常有一定財務能力，心理也比較成熟穩重，不像二十幾歲時那樣衝動莽撞。男性在這個時候會比較懂得體貼、照顧女人，魅力值比較高，很花的特性也會展現出來。當然，女生如果能收服這樣的男生，也是挺有一套。

在台灣，金融業與科技業的薪資普遍還是高一些。想要拚高薪，跟產業別很有關係。

人生不要短視近利，要讓自己像海綿一樣，不斷學習。

畢大想跟你分享的是——

不要讓貧窮限制了我們的想像。

很多時候，年收入只有四、五十萬的人，他們買起房子才真的不手軟，因為家中已經有兩間或三間無貸款公寓。銀行看的財力證明當然是這塊。

永遠要好好控制自己的消費習慣，很多物品都不需要，只是自己想要。

想想看，什麼才能帶來真正的快樂？

是真正的財務自由？還是奢侈品掛在身上？

7 早期台灣錢淹腳目，那些錢藏到哪裡去？

週日與幾個老友相約去永康街找館子吃吃。疫情爆發之前，台北市到處都是觀光客，不管是中國大陸、香港，或是歐美、日韓等外國旅客，都徹徹底底的遍布各大景點。

幾個老友，一部分人已事業有成，但也有些人還在奮鬥中。慶幸的是，大家身體都還算健康，只是覺得體力大不如前。

已經事業有成的小董說：

「這年頭，經濟景氣或不景氣都是隨人說的，像我車行，一部幾百萬的二手跑車，還不是賣得很夯。」

小董依舊霸氣十足的講著。

另一位在半導體業爆肝工程師阿嘉則說：

「對我們科技新『跪』來說，回家的時候，小孩也睡了，有時候都會想，小孩長大後會不會怨恨我這個爸爸呀！」

「不過說眞的，你們至少還有得忙，我才是眞正的大閒人。」

小凡剛離開舊的工作環境，還在找新的工作機會。雖然有獵人頭公司找他到中國上海、深圳，但總是放不下台灣這邊的環境，當然也跟他不喜歡中國那邊的做事方式有關。

大家一邊喝飲料，一邊瞎聊。

這時，電視新聞播著：

「明天就是高中和國中小的開學日，不少家長、學生今天都忙著買制服、繡學號。店家說，他們已經連續加班兩個星期，每天清晨四、五點就開工，忙到半夜一、兩點，但到現在還有上百件的制服等著繡學號。」

之後又報導說：

「家長精打細算，買大一號制服穿比較久。」

有些朋友認爲省這點小錢有什麼用。

小董說：

「只會忙省錢，有用嗎？」

不過，我不是出生在富裕家庭，所以對於省錢這件事情，絕對是持正面態度。

中下階層的人，如果不是靠著節儉跟小賺，慢慢先存到第一桶金的話，突如其來賺到一筆錢，也會因爲沒有金錢觀念，很快就花掉。

價值觀是很重要的。

早期的台灣老一輩人，既會賺又會省，所以累積了龐大的財富，也爲台灣創造了經濟奇蹟和高額的外匯存底。

許多人對於政府公布的經濟數據總是抱持懷疑的態度，認爲是過度高估了，一般小老百姓哪有這麼高的平均薪資，或者是財產。接著很容易就把話題導向政治顏色去了，相當可惜。

台灣人的隱形富豪眞的相當多。

整體台灣的平均財富有多少？

確實不像官方所說的那樣，其實根本是「低估」了。

問題出在許多「低調的有錢人」。

眞正的官二代或富二代暫且不談。過去四十年來，許多在外經商的台灣人，錢都暫時停泊在海外，累積了三、四十年的財富。直到二〇〇九年，政府調降了遺贈稅的稅率，並採單一稅率一〇%，同時將遺產稅免稅額提高至一千兩百萬，贈與稅免稅額由每年一百一十一萬，提高至兩百二十萬，整個台灣就此變了……

可以試著想想，在我們的雙親那一代，甚至更早之前，就有大量台灣人提著皮箱往外跑，談生意、開工廠，不管是中國各地或東南亞，都有台灣人的足跡。

這些人賺了錢卻遲遲沒有回流台灣，而是把錢放在各國免稅天堂，直到遺贈稅調降。賺了三、四十年財富的台商，匯回來的當然不會只是幾千萬，這太少了，聽到的幾乎都是更誇張的數字，這也造就了房市的奇特上漲現象。

而窮人呢？許多社會上的弱勢族群，包含離鄉背井到台北打拚的外地人，很容易變成窮忙一族。

例如：三十歲的年輕人，一個月薪水三萬多，但是房租、生活開支扣完，存不到五千元，需要 N 年不吃不喝才能買一間房子。

這樣的新聞標題每年都可以看到十次到二十次不等，也都會引起許多網友的討論。

這樣的族群在台北都會區可說是相當多。

也因此，當從小就到美國留學又有好家世背景的小董，會說出窮人只會忙省錢這番話，其實並不意外。

問題在於，如果我們不省錢，要怎麼存錢？

那只剩下一條路，除非你比別人還會賺！

富人成天想著如何創造更大的利益。全世界的富人，尤其是亞洲人，都在思考怎麼節稅、避稅，來保留辛苦一輩子的財產，交給下一代。

但窮人難道就不能翻身嗎？

是的，真的很難。

應該換個方式說，你如果不當那個「辛苦的第一代」，那你的孩子長大依然會重複著上一代的窮忙。因爲財富是累積的。

如果你參加高中或大學同學會，眼前兩個同學，一個是竹科工程師，年收一百五十萬，一年可存一半。除了存款，沒有其他資產。

另一個看起來好像內向不多話，當行政助理，薪水兩萬五。但他爸媽已經有兩間台北市的老公寓，其中一間在大安區，還掛在他名下，貸款皆已還完。

你認爲後者是不是占盡了資產增加上的優勢呢？

這種例子實在太多太多了。如果你是後者，那恭喜你，因爲你的上一代已經當了「辛苦的第一代」。站在這個基礎上，你可以做你想做的事情，比較沒有立即性的財務壓力。

但如果你是前者的話，你要思考的是，如何賺更多的錢，讓自己有足夠的第一桶金或第二桶金，營造出好的「資產跳躍環境」。讓自己之後可以靠著正確的投資理財，增加更多的被動收入。

這樣就能夠翻身了嗎？還不夠。

多數的中產階級要賺錢加上省錢並行。

大多數的中產階級如果領了薪水，常常會想要犒賞自己這一個月的辛勞。年輕OL也會想要血拼一番。

但請記得，**如果你想要用力的翻身，你就必須比別人克制更多的物質欲望。**

要不然，過了三年、五年，你還是很難存到錢。你的下一代，依舊沒有好的資產跳躍環境。

未來M型化加速的社會，你很容易被洗到貧窮的那一端。

這很殘酷，卻是必須認真面對的問題。

然而，光省錢，卻沒有持續增長自己的收入，甚至想靠股票、期貨、選擇權或賭博來撈一把，這樣是非常危險的，中產階級這四個字很容易就離你遠去。

身邊有朋友，三十五歲上下，每天爬山、運動，但光是房租、股息收入，就贏過一票拚死拚活的上班族。

也有朋友的爸爸是警察退休，一輩子省吃儉用，一聽到兒子要成家，立刻將積蓄拿出來買了桃園的透天厝給兒子。前幾天偶然遇到他，他說打算明年八月結婚，還擔心朋友不多，辦沒幾桌，面子會不夠。

他在工廠當作業員，主管還以爲他只是個窮小子，其實，他住的透天厝價值已經超過一千五百萬，而且零貸款。

這就是典型台灣父親的愛，不多話，但是對於子女的成家立業，總是默默協助。

這或許也是台灣人財富傳承的一種表現，孩子自然就步入了中產階級的路途。至於未來會怎麼走，就看後續的努力了。

畢大想跟你分享的是——

賺錢很重要，省錢也很重要。

對於大多數中下階層的人來說，這兩者是並行的，缺一不可。

除了少數菁英分子，可以大賺特賺來翻轉階級之外，大多數人其實沒有這樣的能耐。

畢竟並非人人都是特斯拉老闆馬斯克或臉書老闆佐伯格。

不要用年收入衡量一個人真正的財富，資產才是。

CHAPTER 2

累積資產

M 型化加速的社會，
請認真思考理財這門課

1 我們拚的不是月收入，而是家庭總資產

人都有好奇心，難免會好奇自己的月收入或年薪，大概落在整個社會多少百分比的地方。

偏偏這題還眞的很難計算。因爲台灣有許多地下所得無法計算，加上很多海外的台商也不會將自己的獲利攤在陽光底下。當這些商人將資金源源不絕的匯回台灣時，後續的衍生效應就相當可怕了。

曾經有位讀者留言：

「謝謝您，老師的文章讀起來比較有現實感。看別的投資文章，總有台灣大部分人和自己活在平行時空的感覺。一樣是雙薪家庭，有房貸，上有老、下有小要養，怎麼別人總是有七位數的備用金，加上每個月好幾張的存股？」

看到這則留言，其實想這麼跟大家說，在這個圈子觀察多年，這些「財經名人」或「半名人」，其實大多數本身家庭環境就不差，甚至可以說「很不錯」。他們做這些事情，除了商業利益，更重要的，也是爲了一些成就感。誰不是呢？錢本來就不是最終目的。只不過，他們很容易與坊間媒體合作，包裝成另一種形式，讓更多人覺得「好像眞的很神」，或者「讀者也能在股市中一樣厲害」。

白手起家的故事，在以前是勵志故事，到了新冠肺炎疫情後的現在，除了越來越罕見之外，更像是神話故事。彷彿要在三十五歲之前，不靠爸媽買下一間房子是不可能的事，尤其是雙北鬧區。

一切都是無限寬鬆造成的副作用，因爲全世界的央行印了太多鈔票。

我從底層爬上來，一路看到的風景更是讓人目不轉睛。

這位讀者朋友也不要氣餒，雙薪家庭、房貸、房租、上有老、下有小，社會上大多數的家庭還是這樣的組成結構。

看到有些朋友或同事怎麼好像買房、買車很容易，或者生兩、三個孩子都沒問題，心中難免會嘀咕：自己是不是比較差？

其實，**這年代早就不單是比月收入、年收入，比的是「家庭總資產」**。

舉例來說，一個台北人，家中本來就有兩間房子，一間自住，一間收租。上一代就已經有這樣的財富水準，經過了三、四十年，到他這一代會差到哪裡去？不太可能。

不只是房子的差異，往往他的父母也會有保單，保單除了保險的功能之外，也有儲蓄的功能。尤其上個世代，當時的利率比現在高許多，自然也是有用的資產。

另外則是工作。藉由人脈，可以讓他們有更好的工作。即便沒人脈，他們也能比較自由的挑選適合自己的工作。

另一方面，一個有經濟壓力的北漂族，二十多歲剛開始找工作時，也許被生活所逼，或者家庭的壓力，只能接受一份不合理的薪資。或許他的工作能力真的可以拿到更高的薪資，但他沒辦法等待，在只求溫飽的情況下，沒有別的選擇。

不過，原生家庭環境較佳的人，就可以慢慢挑，慢慢選，後來也眞的挑到薪資比較符合自己能力的工作。或者學生時代選擇重考，就只是爲了上醫學院，出社會後不用屈就低薪的工作。或者可以好好花三、四年的時間讀書考公職，家人也全力支持。這些都很常見，更是我們身旁一直發生的事。

「畢大，所以聽起來我們眞的輸人一截，怎麼辦？」

以前我也會有這樣的想法。偏激一些的讀者，更會演變成仇富心態，那就不太好了，因爲這樣的結果只會更糟。

人家可以有「選擇」，只代表他一開始的牌拿得好，但不一定快樂，更不一定會贏到最後。

而且對方的上一代或上上代，很可能也是從沒選擇走到今天有選擇這步，也是熬出頭的。

今天只差在我們一開始的牌比較差，或者普通。這副牌就是「資產」，當然有些像是外貌、智慧等等也算。

那麼，我們更應該期勉自己拚看看，反正人生就這麼一次。不用怕，我們輸了不會被笑，因爲本來就在底下了。

但原本牌很好的人，輸了可能會被他的家人或家族嘲弄，給予壓力等等，其實不一定過的比較輕鬆。

有個朋友是富二代的年輕老闆，四十出頭歲。十幾年前，我問過他：

「你們這種出身名門的，根本穩贏的，什麼條件都好，要創業資金也比較容易借到，根本無憂無慮。」

我們還算熟，所以才敢這麼問。

他表情不悅的說：

「你以爲無憂無慮，X，你知道要是我輸了回去會怎麼樣嗎？正因爲我們這種大家族，環境普遍都不錯，大家起跑點都一樣。我們打的仗跟你們打的仗不同，我們輸了就得回去接家業，但我眞的沒興趣，這不就是被逼著做自己不想做的事嗎？」

「但你怎樣也不會餓死啊！」

我笑笑這麼回他。

「餓死？你最好回老家會餓死？台灣現在又不是五〇年代，大家別鬧了，除了少數中低收入戶之外，一般人怎麼餓死？好好做事，找份工作穩穩當當，頂多就是沒辦法過很痛快的生活罷了。」

他繼續說著：

「輸了，我是負債幾百萬、幾千萬，如果找爸媽清掉這些失敗的生意，你覺得我以後頭抬得起來嗎？X，懶得講，做事去了啦。」

每個人都有自己的壓力，我的專欄從來不會寫什麼「有錢也不會快樂」這種不切實際的話。

錢自然是重要的，畢竟我寫的是投資理財專欄。

只是想跟這位讀者說：

「大家都還在努力、還在拚，你現在拚的，就是爲了三十年後可以舒服、自在，可以圓夢。」

人總是高估一年內可以賺到的錢，卻低估了未來三十年可以賺到的錢。

坊間許多造夢的書，偶爾翻翻就好。

你的牌可能一開始就跟人家完全不同，人家存股可以每個月買好幾張0050，或者五張、十張金融股。但一般人本來就做不到這樣的事情，也不用太洩氣。

畢大想跟你分享的是——

總資產包含了什麼？

房子、股票、保險、黃金等等，甚至是一個做起來的生意，或是有賺錢的公司等等。

對受薪階級來說，或許大家勾心鬥角，就為了那區區幾千元。

但更重要的究竟是什麼？

其實是家庭總資產，如何增加更多的好資產，這是我們階級翻轉的關鍵。

2 一代比一代競爭，你必須先讓自己變強，孩子才有希望

身爲兩個孩子的爸，假日晚上，把兩寶都趕去睡覺是我的工作。平日美股正常運作時間，則由太座帶去睡覺。

對五歲的大寶，我依舊是用傳統的壞蛋——「大野狼」來叫他趕緊睡覺。

「好了好了，十點了，你再不睡覺，等一下大野狼來了，我也救不了你。趕快睡吧！」

大寶依舊睜著明亮的雙眼，沒有絲毫睡意的說：

「爸爸，狼應該是在草原上，不會跑來我們家，你應該去看書或動物頻道。」

「好啦，就這樣，晚安，不要廢話太多。」

我只想著趕緊打開電腦，做點自己的事。

總覺得現在小孩的成長，明顯比我們那一代要好上許多，不管是外型的身高，或是頭腦的反應。我也會跟大寶幼兒園的好朋友們聊天，聊幾句便發現，其實中班的孩子都滿會對答的。其他家長也有同感，有人說是因為3C產品的普及，像是電腦、手機、平板等等。

不過除此之外，我認為跟家長的觀念也有很大的關係。網路上越來越多的育兒教學，以及家長彼此之間的資訊交換，還有更加重視陪伴孩子，這些都是可能原因。

這是個連養兒育女都是軍備競賽的年代，我們能不多努力、多打拚一下嗎？

過去，對於養兒育女，大家的認知可能都只是停留在「有沒有錢」，但時間的陪伴也是一種「富養」的概念。

父母把全部時間都放在工作上，對孩子只是應付了事，有得吃穿就好，反正孩子會自己長大，這就比較偏向上一代的觀念。即便收入還不錯，但孩子長期缺乏陪伴，未來人格發展上就比較難以把握。

孩子長大會變成什麼樣子，當然都不一定。也不能說隨便放養，孩子就一定會變壞，一切還是回歸概率來討論就好。要不然，「學區宅」也不會這麼夯。大家都想擠入好的國、高中就讀，無形中也推升了該地區的房價。

年輕爸媽常問我：

「可是就眞的存不到錢啊？薪水這麼低，房價這麼高，股市也不便宜，頻創新高。」

其實眞正想問的是：

「錢為什麼永遠都不夠用？」

如同大家常說的：

「因爲太多地方需要花錢了。」

那麼，如何把錢花在刀口上，花得有價值，那就很厲害了。

時間也是一樣，我們要怎麼分配時間，也是門大學問。

時間跟金錢比較不同的地方是，錢在某個時間點、某個創業階段，也許會突然大幅成長、明顯進步。但時間比較難。即便找員工來幫你節省時間，終究還是很難無止盡的擴增。時間一分一秒流逝著。

也因此，過去常聽人說：

「富人缺的是時間，窮人缺的是金錢。」

前者願意用金錢換取時間，後者願意用時間換取金錢。這沒什麼對或錯，其實就是階段性的問題。

就像我年輕時做過各種打工工作，海鮮餐廳、速食店、路邊發傳單、做電話問卷等等，現在回頭看，自然會覺得當時怎麼會用一小時換取那一丁點的工資。以前打工一小時七十元，現在都漲到一百六十八元了。

但認真思考，這些回憶就像拼圖一般，終究會在漫漫人生的某個時點，通通拼湊起來，成爲現在的自己。我也非常珍惜過往的那些經歷，因爲再也不可能爲了每小時有幾十元的工資而雀躍。

也許二十幾歲的年輕人會迷惘，到底怎麼做才能更有錢？或者要如何找到薪水更高的工作？甚至被是否要結婚的人生題目給困住。

但其實，就算是三十幾歲或四十幾歲的人，也都會爲了大小不一的問題而困惑。

千萬不要覺得自己二十幾歲沒什麼成就，是不是趕快變成三十歲、四十歲或五十歲，就會自在或快樂、功成名就、受到人家尊重……這些其實都不一定。而且，通常隨著年紀增長，往往會有越來越多的顧慮與羈絆。

年輕眞的是最大的本錢。年輕時聽年長者說這些話，總會覺得是老生常談，但我認爲還是有其價值的。

略爲修改一下，也許這麼說會更恰當些——

不管在什麼年齡階段，盡可能保持年輕、開放的心胸，就能夠為自己增添更多的本錢。

而越不重視青春的人，將來必得付出更大的代價來彌補。

畢大想跟你分享的是——

年輕人如果讓自己停止學習，那就會停止成長。

從二十多歲過到四十多歲、甚至五十多歲，並不會因為你的年紀，財務困境就自動解決。

假如是已經有孩子的年輕爸媽，請認真思考投資理財這門課，因為未來競爭超乎你的想像。

3 孩子會帶財？有這回事？

五月的第二個星期日是母親節，應該不少家庭都會慶祝這個節日。身爲二寶爸，而且自詡爲居家超強隊友的我，有時候都覺得這個節日應該要分我一點榮耀。即便我是父親，不是母親。

也因爲帶小孩跟做家事的分頭夾擊，時間要怎麼運用，就變得十分重要，否則根本不可能達成天天寫作、與讀者互動的任務。

對於家庭主婦或職業婦女的日常，那可眞是話題一籮筐，講都講不完。這是一般男性上班族比較難了解的苦難，我也總是開玩笑說，最好不要懂，白髮易增長。

每次做這些家事與照顧兒子的時候，來家中走走的母親總會用流利的台語，外加嘲諷語氣跟我說：

「你現在知道以前我帶你們三個有多辛苦了吧！在家都不做家事，現在當爸之後就會做了，你活該。」

聽母親這麼數落，我也只能嘆氣苦笑，似乎還眞的是這麼一回事。以前在家總會依賴老媽，反正兒子就是可以耍任性。

每個還沒當爸的男生，都會撂下狠話，說以後小孩要是不乖的話，就照三餐修理，看他敢不敢放肆！

但陸續看了幾個當爸的男人，沒一個是這樣的。

就像我總會被二寶的甜甜微笑給矇騙，輕輕打個兩下，或者罰站個三十秒，差不多就伸出雙手跟他說：

「來，爸爸疼，下次不要再這樣。」

二寶也總是很快的往我這邊撲來，破涕爲笑。

看著他皎潔明亮的眼睛，嘴角的笑容彷彿是笑著這老爸眞好騙。

不過，二寶目前才滿一歲沒多久，就當作是父親的溺愛，滿兩歲之後，我一定狠狠修理。

這應該是明年度的目標，反正達不到再下修。就像各家公司的財報一樣，也不一定達標。

前兩天看到一則新聞，大概是一名剛嫁作人妻的網友，述說著跟老公原本計畫先登記結婚，之後再辦婚禮。這段時間就先買房，在新北市還哪裡買了一間八百萬的新房，並努力存錢。怎知結婚之後，開始要負擔一些有的沒的，才發現根本存不到什麼錢。

因此新聞主角有了很深刻的體悟，如果夫妻月收入合計沒有十萬，可別輕易結婚或生小孩。

關於生養孩子的一切開銷，有些人是說越想越害怕，不如不要想了，反正船到橋頭自然直。

這問題也沒有什麼標準答案，但會有上述這樣想法、也真的挺得過去的人，通常雙方的原生家庭就都是中產階級，多多少少還可以「靠一下」。要不然，貧苦家庭要撐過去還眞的不容易。

「不然以前父母怎麼走過來的？也沒賺多少錢，爲什麼可以生小孩？」

這算是一派滿常見的說法，但其實是時空環境差太多了。況且，以前的父母比較認命，願意犧牲自己二、三十年的「一切」去養育兒女。「一切」這兩個字包含了多少心酸，可眞是一言難盡。

但現代人眞的不願意再這樣。又或者說，即便生了小孩，也要兼顧自己的生活品質或娛樂項目，那當然會把生兒育女想得十分困難。這麼想的人爲數不少。這就是時代觀念改變造成的，倒也沒什麼。

但生小孩、爲人父，到底是什麼感覺？

這題我想到一個比較好的比喻——就像男人以前當兵的感覺。

當兵前，多數男生都會想說：

「如果可以不要去當兵浪費時間就好了。」（當然，也許有些人是熱血去當兵，那另當別論。）

後來被編派到一個苦單位或無聊的單位，就這樣服完了役期，又會覺得這是一段挺特別的際遇。但要我再當一次兵，那是萬萬不可能的。可是，如果要用百萬買走腦海中這段回憶，我也不願意。

我在帶寶寶的過程中，學習到許多事情，那是經歷過才會懂的。就像許多女人是當了母親之後，才對生命有了新的一層體悟。

當然，這個人生劇本勢必把生活品質壓縮了，跟兩人世界的自由自在是截然不同的。但這一切就像腦海中當兵的回憶，有苦有樂，也有許多故事可以講。

有時候想想，假如當年我跟太座沒有生孩子，現在會過著什麼樣節奏的生活，眞是好奇。

對於長輩常對晚輩說的一句話：

「孩子會帶財的，放心。」

其實年輕時的我相當叛逆，並不認同這種謬論。後來漸漸發現，不管自己或身旁的朋友，確實，因此過得比較好的居多，這就引起了我的高度興趣。

究竟是什麼原因造成這樣的結果？生養孩子無疑會花掉更多的錢，會讓時間越來越緊迫也是眞的，那爲什麼大家還可以繼續累積財富？

原因有二。一是因爲，大多數人並沒有眞的竭盡全力，發揮自身潛能。

過著還算過得去的生活，就這麼一天過一天，這樣的人非常多。但男人、女人都一樣，有了孩子，壓力也跟著來了，於是這就成了一個催化劑，讓自己變更好、變更強，賺的錢也變多了。

賺的錢變多了，但養小孩子確實很花錢，那爲什麼還能累積到足夠的財富退休？（其實台灣人很多五十多歲就退休了。）

二是因爲，小孩子會長大，累只是階段性的。至於養出不肖兒的另當別論。

也就是說，年輕時，因爲你的奮鬥而打下的江山，並不會因爲孩子上大學、就業後就不見。所以財務狀況漸入佳境是比較常見的。

當然，社會上還是有一些遇到壓力就放棄的人，生了孩子再棄養的也有上新聞版面，這都是可能的，但我們討論的還是大多數的常態狀況。

並不是生或不生就比較好，孩子只是催化劑，還是要看自己。

生命的長度也許是固定的，可能八十歲或九十歲左右，但我們可以讓廣度、深度變得有些不同，甚至塗上一些繽紛的色彩。

完善而強大的財務計畫，是為了讓我們不要窮忙於生活，甚至能提早退休，盡情做自己想做的事。

年齡這玩意兒是這樣，越到晚年的時候，越有這樣的感覺：「你管別人做什麼，想幹嘛就快進行吧，別拖了。」

畢大想跟你分享的是——

生養孩子，短時間來說，確實是財務自由的一大負面因子，但大多數網路文章並沒有探討到對於自身帶來的潛力激發，以及責任感加重後的人生成長。

孩子會不會帶財，這題沒有標準答案，還是取決於對家庭，你想負起多大的責任。

想要給家人更好的生活，自然就會找到賺更多錢的方法。

4 充實自己的理財知識，也能拉住家人一把

收到一位讀者來訊：

「畢大您好，有事情想請教。今日得知家人跟○○銀行借貸兩百萬，打算買0056（台股高股息基金），說是要存股息。怕家人是被電視台影響，並不了解其中運作。我也算股市新手，請問我該積極介入嗎？」

銀行名稱我就先帶過吧！

其實沒頭沒尾突然丟這麼一段話，確實不太好回答。

如果文中的家人是指爸媽，那眞的要積極介入與溝通。但如果這個家人的關係比較遠一點，有時候溝通反而容易大吵，打壞彼此之間的感情，那就得不償失了。

至於爸媽要借這筆錢去投資，猜想老人家看重的無非就是「高股息」這

三個字。

台股的0056一直是散戶投資人最愛之一。這跟很多因素有關，包含了股市正是大多頭，以及各大知名網紅的推薦、財經節目的推波助瀾等等。當然，還有最重要的「名字取得好」，台灣人眞的很愛「高股息」這三個字。

投資有賺有賠，風險一定要自行承擔。不管是看什麼財經台的節目，或者商業投資雜誌，假如只因爲看到了一段話，例如：銀行利率正低，借款買高股息投資術正夯！就跑去投資，那是危險的。

我是這麼回覆這位讀者朋友：

「您好，我畢大，投資必然有風險，相信您也聽過。如果需要借錢投資，是不是本來手上的資金就不足呢？假如投資要用借錢的方式，我傾向負面。不過，投資也可能賺錢，若家人因爲被你阻擋而少賺，也會責怪你。這題要看這麼做的是不是您父母。要不然，積極介入也沒什麼好處就是，提供給您參考。」

要借錢投資不是不行，只不過，通常是用在實體生意，而且要真的非常有把握。

當然，也常聽聞有人借錢做生意後來跑路的事。就像二〇二〇年拖到了二〇二一年的新冠肺炎疫情，讓許多餐飲業都倒閉了。實體生意都有很多因素是不能掌握的，更別說是股票了。

ETF是指數型基金，風險會比股票低，但是，**只有「大盤指數型ETF」才符合真正的被動投資精神。**

你可以買台灣的0050或美國的SPY或VOO、VTI，這一類都是買下整個國家的指數，可以代表該國的經濟。

但0056屬於「策略型ETF」，適合借錢去買嗎？

像是大眾常看到的某題材ETF，常常內扣費用還是很高。但偏偏台灣人的投資理財知識還有很大的進步空間，這就很有意思了。

試想一個有趣的想法，假如有基金公司推出一檔ETF或基金，名字取得非常吸引人，例如：「美國高科技AI虛擬貨幣全自動印鈔基金（週週配息）」，然後把募集到的資金通通拿去買「非科技股」。

不知道會不會有投資人發現這個荒謬？還是只要看到帳戶有一點一滴的週配息進帳就好。直到有一天才發現，配息根本是來自於本金。把基金單位贖回，才知道加上歷次的配息，其實還虧損。

這已經是常見的情況了，並不是什麼新鮮事。

投資理財是在講錢，但常常問題又牽扯一堆，家庭糾紛、朋友翻臉、同事借貸，甚至情侶爲了錢分手。

所以，對於來訊的這位讀者，我最後給的回覆是：

「這應該不是投資問題，屬於家庭溝通問題，好好討論一下，看看有什麼好的解決方案。」

畢大想跟你分享的是——

投資不能只看名稱，更要詳細研究其內容。

而且配息很可能是來自於本金，左手換右手，並沒有真的達到良好績效的目的。

假如家中有年長的長輩，就需要耐心溝通。

老人家往往想藉由配息達到安全感，那自然容易跳入理財廣告的陷阱之中。

5 家庭財富是累積而成的，別跳進媒體的各種理財誤區

我常常跟好友 P 閒聊他們那圈子的事。他們家從奶奶那代起生活就過得不錯，到了父親那輩又創業，公司經營了一輩子，是少數在台北市擁有透天厝的人之一。能夠聊天拓展自己的視野，其實是挺好的經驗。

二十八歲的他最近新婚，才剛跟妻子買了台北市一間老公寓，想感受一同努力奮鬥的感覺。兩人也都是上班族。

在我的圈子中，看到許多從底層往上爬，幸運翻上去的案例，幾乎都是「賺」跟「省」兩項技能兼備，單靠其中一項都不容易。也因此，成功改善生活，並躍上中產階級的，其實大概就一五％到二〇％。

不過，這時候我想到的問題是：

「一般人白手起家的成功率也許是二〇%，那富人掉下來的比例大概又有多少？」

又是開眼界的時候了。

我疑惑的問 P 這個問題：

「我們都知道下面的人要往上很辛苦，甚至九成的人都做不到跨一個階。那上面的有錢人圈子，總也會有人掉下來吧？至少也會有兩、三成的富人每隔幾年往下翻轉。當然，我知道富不過三代這句話是假的，這就不用強調了，上去要下來其實沒這麼容易，但總是有這樣的狀況才是。」

P 大笑回我：

「別鬧了啦！有錢人要往下掉一個階級很難，除非是嚴重的犯罪行為，要不然是掉不下去的。」

或許是好勝心使然，我接著問：

「胡說，也是有一些有錢人的小孩亂開公司，亂做生意，後來賠了一屁股，把家裡的錢虧掉幾千萬，導致家道中落，這種怎麼會說沒有？」

這時P雲淡風輕的說：

「畢兄，你跟我開玩笑嗎？幾千萬稱爲有錢？是不是太瞧不起台灣人五十年來累積的財富了？這差不多就是中產階級不小心滑倒的故事，你講這個案例根本不是所謂的富人。」

我一時語塞，不知道該講什麼，停了幾秒才回話：

「確實，台灣也經濟成長繁榮超過五十年了，現在二十五歲的年輕人，有的爺奶輩都七十五歲了，還掌握著公司大權。子孫虧個幾千萬，確實不是太大金額。」

P又繼續說著身旁叔叔、伯伯、阿姨與同學的經驗談：

「其實是這樣的，能夠走到身價十位數以上的，我們這些家族都很重視整體的利益，也就是不斷鞏固家族的優勢。不管是送出國，或者先拿五十萬或一百萬台幣做生意，就當作給年輕人磨刀，不會一開始就砸幾千萬給孩子賠。接著，爸媽會跟我們說怎麼改進，稍微指導一下。但他們也很忙，所以我們就繼續試試看。輸了一次沒關係，第二次也沒關係，第三次跟第四次依舊沒關係，但差不多第五次也會創業成功。我們有資源、有人脈、更重要的是，有失敗經驗。到了這個地步，資金才會正式灌入。有錢人的爸媽都很精明，很有把握利益會到手，才把錢放出去。要不然，就是拿小錢給孩子練練兵而已。」

P雖然年輕，但常常可以提供不同的視野，或許眞的跟家庭環境有莫大的關係。

雖然聽到這邊會稍微心涼，但好友說的倒也不是假話。我們認識好幾年，P總是客氣好相處，問什麼都會回答。

P口氣有些落寞，淡淡說著：

「我是因爲個性，加上能力眞的很差，也覺得不想這麼拚。但我可以這樣選擇，也是因爲我爸跟奶奶幫我拚完了。網友們常笑我們這種人還不是靠爸，我承認，然後呢？」

P喝了口剛在便利商店買的左岸咖啡館，繼續說著：

「我覺得大家想討論這些也挺好的。問題是，管別人如何過日子好像不太重要。因爲不只是我，就算我的孩子還沒出生，我也知道他會財務自由。

這是資本主義的遊戲規則。靠北，規則又不是我訂的，去問美國、去問全世界比較妥當，我可沒辦法扭轉這規則。**一定要有一代犧牲打，第二代接棒，看看能不能突破中產階級的上限，第三代就多了很多機會。」**

我也只能苦笑，大概知道他的意思。

尤其經過新冠肺炎疫情肆虐全球，美國印了數兆美元出來，其他各國央行也紛紛印鈔。看到前不久的新聞報導，美國可能因此多了三百萬人提前退休，因為房市、股市暴漲太多了。

一位哈佛經濟學家說：

「我們碰上千載難逢的時刻，可以勇敢的說我不幹了。因為中產階級和富人靠這波股市大漲，荷包賺飽，存了很多錢。」

美國市場目前勞動力短缺，這波退休潮應該也是其中一個重要因素。

從古至今，沒有人可以光憑好運就不斷翻身。

台灣人客氣低調，許多富人的子女甚至也被教育要低調。有些子女或許光芒外露，所以路上看到很多跑車，但也有些子女低調做事，默默尋求突破，也做出跟父母親相同的成就。

台灣人的賺錢基因是天生的，從不懷疑。況且，開著跑車，也不代表做事就不拚，對吧？

也因此，像P他們這樣的人，有些就選擇在網路上創業。

當讀者習慣從網路上看人家賺大錢的績效或對帳單的時候，是否想過，就像買股票的投報率，一般都是用每年一〇%或二〇%去試算，然後導出一堆奇奇怪怪的理論，例如：隨便買，不要賣，久了就會財務自由的懶人投資法……等等。

但問題是，**真的可以連續二十年都賺一〇%或二〇%？**

也許有，但肯定不是多數人。

當你思考過這個問題，後面很多假設其實就可以略過了。

再來，每年賺二〇%，你是用什麼去算？投入的資金？還是整體的帳戶金額？還是你個人總資產？

這三種算法會得到天差地遠的答案。

舉個最簡單的例子，友人C，他說他把手上的五百萬投入蘋果，去年漲七〇％，他只賺了五〇％就出脫，那是不是用五百萬本金，賺到了兩百五十萬？

看起來眞的很神，但他整體的帳戶金額是五千萬，那報酬率似乎應該這樣算才對：兩百五十萬除以五千萬等於五％。

如果C的個人總資產有好幾棟房子，外加黃金、保險都一堆，價値數億，那他拿五百萬去買蘋果，又好像沒什麼風險，有點太保守了……

這樣的操作無法讓一般人學習複製，那就沒有意義。

提醒讀者，即便你看到人家炫耀賺了幾趴，其實不用過於羨慕，因爲背後有很多的因子，有些根本是陷阱，等著你跳進去。

畢大想跟你分享的是——

看過不少二十、三十多歲的年輕人很急，甚至帶著仇富的觀念，這樣對於財富的累積是有害的。

我們用一代的努力就想追上人家三代的累積，這除非是百年難得一見的人才，做出什麼大事業才辦得到，要不然，本來就不太可能追上的。

但我們同樣要當起頭的第一代，才可能讓孩子有更多的選擇和機會。

6 吸引力法則眞的是好東西，你一定要跟強者爲伍

某天，我應邀跟台中一群醫師朋友演講，聊到了一本暢銷書《吸引力法則》。滿有名的一本書，出版很久了，差不多有十三年的時間，大家多少都聽過或讀過這本書。

以前我是屬於鐵齒型的，絕對叛逆。我心想：

「怎麼可能一直想著想著，就眞的會實現？最好是這樣，那大家不就都中樂透了。」

應該這麼說，「信念」是一股力量，你也許做了老半天，還是沒達到一開始設定的目標，但往往也差距不遠，或者有其他的收穫，走出完全不一樣的一條路。

對於吸引力法則，我個人的解讀是這樣的：

「不只是嘴上嚷嚷說想怎樣就有用，動作也要跟上才行。持續不輟的耕耘，很辛苦，很煎熬，但熬了過去，就會看到不一樣的光景。」

另外，跟你平常相處的朋友圈也有很大的關係。

你現在就可以想想看，**日常生活中，除了家人以外，你最常聯繫、相處，可以講心事，聊人生觀、價值觀的五個人，同事也算。**

通常這五個人的總合，就是你未來幾年會走到的樣子。

因爲人跟人之間有互動，我們是人，不是機器。我們有人性，有感情，不是冷冰冰的機台。

假如你想要變有錢，想要改變生活現況，但在你身邊的這五個人卻是不斷罵天罵地、罵社會、罵主管、罵公司，看到別人有錢就罵混蛋，一定都是壞事做盡才會有錢。

成天跟這樣的人一起取暖，三、五年後，你會有什麼改變嗎？

這眞的太難了，通常不會有太大差異。

但如果你生活中最常聯繫的五個人，都是年收入三百萬、五百萬，甚至上千萬的人，久了，你也會慢慢被影響，朝向你想要變有錢的理想邁進。

你會學到很多做事的方法、資產配置的竅門，更重要的，還有不同的價值觀、人生觀。可能也會有消費上的壞習慣，那就要靠自己辨別與自律了。

並不是要完全複製他們，我們依舊是我們，他們是他們。但你會「不知不覺」跟過去有所區別，逐漸成長。至於成長到哪邊，就不是這幾位朋友的事了。

甚至這五個人也不知道他們改變了你什麼，因爲一切都是「吸引力法則」在引導你，讓你往越來越好的道路前進。

你的造化跟這些朋友有關連，但又好像沒什麼關連。

有關連的是，你會得到更大的視野，看到更高的風景。沒關連的是，他們依舊是他們，他們也有他們的人生難題。

如果現在問我說：

「吸引力法則是眞的有效嗎？」

對我來說，是有效的。

以前的我眞的誤會了，因爲目標太高、太遠，我尚未企及那般高度，所以才覺得不可能。

從小到大身處的環境，幾乎都是告訴我這不可能、做不到。現在，我帶兩個孩子，如果大寶跟我說他想幹嘛，我會改爲這麼說：

「好的，那有點難，你覺得從哪邊著手改進比較好？」

「你想當獸醫，那你看到打了麻醉針的獵豹還一直動，你怎麼幫牠治療？」

「你想要畫畫，那是不是先在學校好好聽老師的教導，把家人畫出來再說。爸媽都支持你，沒什麼好怕的！」

大寶就會很認眞的跟我對話，描述他要怎麼做，第一步是什麼，第二步又如何。獵豹麻醉快退了，開始動來動去，我們要怎麼應變？不然被咬死怎麼辦。

天下事很多眞的很難，但我們盡可能讓事情不難一點，盡量把面對事情的處理方式想妥、想齊。批評跟抱怨只是單純讓我們宣洩情緒而已。

當然，適度的抒發情緒很重要，也是必須的。但宣洩了十年、二十年，甚至三十年、四十年，那又何苦？

畢大想跟你分享的是——

不要小看吸引力法則。用更白話的解釋就是「盡量學習強者的優點」，並且「化為己用」。

日常生活中，我們很習慣跟同個圈子的人聊天，例如朋友、同事等等。但有時候真的要走出舒適圈，看看社會上不同的人們，才能增加自己的廣度。

投資理財想賺更多錢，就必須理解到，觀念才是最重要的。

利用某種策略或交易技巧去賺錢，終究還是要建立在大方向正確的前提之上。

7 資本主義傷害了我們，但也創造了新的我們

收到一位讀者 Lee 的信，分享他的家庭與投資歷程。投資的績效有多出色，並不是我想要強調的，因爲這類的造神運動，每週都有雜誌或網路文章流傳。我覺得最有價值的部分是——

資本主義傷害了我們，但也創造了新的我們。

Lee 的老家在屏東，爺爺年輕時因爲先天聽力受損，在媒妁之言下，娶了手指也有殘缺的奶奶。

兩人都不識字，只靠著撿拾瓶罐與寶特瓶來換錢維生，也就是現在人所說的「資源回收」。這樣說是十足的弱勢階層，一點也不爲過。

Lee 父親是長子，下面還有叔叔與姑姑，同樣都沒受什麼高等教育。不過慶幸的是，因爲爺爺、奶奶並不是智能上的缺陷，所以父親那一輩也算智力一般。但出生在貧窮家庭是不爭的事實，資源的缺乏讓他們十幾歲就出外工作也很正常。

當時正是台灣經濟起飛的民國六〇年代，中山高也是在那時候全線通車。

看到這邊，很多人應該會開始猜想，接下來，Lee 一家就搭上經濟起飛的列車，開始賺大錢……

很不幸，這樣的美好場景並沒有發生在 Lee 父親身上。

僅國中畢業的父親，從南部到北部打拚，身上眞的是空空如也。雖然那個年代是現在年輕網友常說的「台灣最美好的年代」，到處都有提著一只皮箱闖天下，然後就賺翻的激勵故事。

Lee 父親也曾經試著批貨來擺地攤做生意，賣過衣服、白布鞋、文具用品，還當過麵粉廠的工人，但是都沒賺到什麼錢。

我聽過不少人訴苦，說如果早三十年出生的話，搭上台灣經濟起飛的列車，早就是某某某，也能當千萬或億萬富豪。聽到這種話，彷彿以前的台灣沒有窮人。

Lee父親沒那麼幸運，在那個美好年代，怎麼闖還是賺不到錢。

後來遇到了淳樸的母親，同樣是刻苦耐勞。最大的差別是，母親有念到高職夜間部，學歷算是高一點。

父母親在租屋處跟女房東同住一層，空間是一個房間加上一個客廳，租金多少已經忘記，依稀還記得房東叫阿娥嫂，老公很早就死了，沒印象她有孩子。

租屋處連冷氣都沒有（應該說有也捨不得開），Lee就出生在一個熾熱的夏天。孕婦最怕熱，母親靠著一台電風扇撐過去，隔了兩年又生下弟弟，當年宣導兩個孩子恰恰好。

這段回憶Lee說他永遠都記得，當時可能不到八歲，甚至六歲都不到。那個舊家要爬很久很久的樓梯，彷彿爬不完似的。但樓下是熱鬧的菜市場，他最愛吵著父親買一袋粉圓冰來喝。

Lee 上小學的時候，父母親決定買一間自己的房子。當時也沒什麼資訊可找，就靠朋友介紹，看了三間便決定，不過至少也有了屬於自己的小窩。

看到這邊，你也許又會猜想，這是一篇接著他們就靠房地產賺翻的故事。

很抱歉，房地產的增值效應並不是通通有獎。

Lee 的家並不在台北市或現在的六都。畢竟父母親一定是選擇離工作近的地方。那時候父親已經轉爲自由業，開計程車養家，母親則是公務單位的小文職人員。

在這個階段，Lee 印象最深的就是父親每天下午五點半回家，剛好是他跟弟弟在看卡通的時間，他們會撲向門口，迎接父親的歸來。

父親會拿一個蘋果西打的空寶特瓶給他們，並且說：

「今天有沒有乖啊？去幫爸爸裝開水，明天爸爸還要打拚。」

Lee 跟弟弟會賴皮說：

「等一下啦！我們還在看卡通，等廣告再幫你弄。」

接著就是全家一起吃晚餐的時間。

這樣的日子一過好多年，經濟狀況也比從前好得多。Lee 有印象，父親當計程車運將，一個月有六萬左右的收入，因爲父親很勤勞，每天都開了十小時以上。

或許是老天爺想要再送他們一份禮物，父母親在生平第一次出國旅行時又帶回了一個寶寶。是的，母親懷胎十月，又生了個弟弟。Lee 與相差十幾歲的弟弟，自然比較沒有話題。

隨著時間一天天過去，Lee 服完兵役後，步入社會，這時才踏入台北這個大圈子。

彷彿是劉姥姥逛大觀園，Lee 根本沒想到原來這地方擠了這麼多有錢人。雙 B 轎車在台北到處都看得到，似乎不像小時候父親說的那麼稀罕。甚至有些品牌的車，他見都沒見過，出社會多年後才知道一部千萬的車長那樣。

Lee 負責公司的教育訓練安排與人力資源部門，一路上順順利利。雖然沒有賺大錢，但工作上遇到好的上司與同事，讓他覺得也不差了。

直到新聞開始密集報導要在台北買房，上班族得不吃不喝幾年才買得起的時候，Lee 與交往多年的女友討論：到底要買還是租？

在公家機關上班的女友，很堅持一定要有房才有安全感。Lee 也就聽從女友的意見，決定先買好了。

在沒有家裡奧援下，小倆口要在台北市買房談何容易。不過，兩人存錢多年，要買間電梯中古小套房，倒也不是不行。於是就這樣買房結婚，步入了人生下個階段。

Lee 常常開玩笑跟父母親說：

「爲什麼你們當年不在台北市買個房子住，今天我就不用這麼辛苦了。」

父母親當然說：

「誰會知道今天一切會變這樣，不過年輕人靠自己啦！」

人生就是這樣，每天庸庸碌碌的工作，一忙起來，時間就過得很快。

他們有了孩子，而 Lee 的父母親也老了，退休了。Lee 雖然快四十歲，頭上的白髮也變多了，但始終沒有更好的經濟能力把父母親接過來一起住。

不過，在父母親的努力與勤儉之下，至少讓他有機會累積財富。看著年邁父親的背影牽著五歲寶貝孩子的手，這幅畫就是渾然天成的祖孫情。

就算不喜歡資本主義，我們仍必須認眞面對。要不然，稍有不愼，就會往下掉入貧窮階層。

資本主義讓缺乏教育資源與一技之長的 Lee 父親只能當小黃司機。但也因爲資本主義，才能讓他在每年農曆新年時，比別人多賺一些錢（這是供需法則，過年時沒有人出來跑車，那麼願意出來跑車的人就能多賺）。

Lee 父親只休息除夕那天，曾經一個月賺八萬多。Lee 說父親總愛談當年勇。以前景氣不錯的時候，農曆新年時，客人總會意思一下，零錢都不用找了，因此可以多賺一些錢，這往往就是家裡多出來的預算，可以加菜。

Lee 又說，他也恨資本主義，在鈔票越印越不值錢之下，游資自然竄到房市與股市，對於不懂、也不會炒作的小老百姓——也就是他的父親，毫無懸念的，就是被犧牲了。一生規規矩矩的把錢放郵局定存，然後購買力就被吃掉了。

雖然父親很勤奮的當小黃司機，不菸、不酒、不賭博，但是到了退休，身上也沒存很多錢，就是溫飽而已。

更上一代的爺爺奶奶就不用說了，資本家（也就是老闆們）怎可能錄用殘疾人士？

這能怪資本家嗎？因爲要賺錢，就要找最有效率的員工，要不然怎麼維持競爭力呢？

不過，倘若不是資本主義，Lee也不可能有動力到台北打拚賺錢，而且利用股市與房市累積到至今的財富（或許也稱不上什麼大錢）。

人類爲了追求更多的財富，必須提供更好的服務或商品給消費者。這十年來，網購越來越方便，讓行動不便的長者在家就可以買到各式各樣的商品。另外，科技的進步，也改變了人們的生活。

過去的辛苦日子歷歷在目。現在老家有五台冷氣，父母親吹得很開心，還會戴著老花眼鏡，用智慧型手機看臉書與Line。

看著身旁的太太捧著洋芋片滋滋作響，一邊看著灑狗血的偶像劇。孩子早已睡得香甜。Lee說：

「說眞的，我不喜歡資本主義，但再怎麼不喜歡，這就是社會的遊戲規則。既然無法改變它，那就加入它，並且玩得更出色！」

別只想跟別人比，先跟自己比吧！

Lee並沒有達到財務自由，也沒有符合各種財經雜誌所說的「窮人大翻身」。不過，我欣賞的是他那份樂觀與積極的拚勁。

活在這世界上，每個人都想賺更多錢，這無可奈何。沒有錢，連吃飯都成問題的時候，談什麼大道理都是屁。

一路打拚到現在的Lee，出社會也超過十年了，跟上一代相比，或者跟上上代相比，肯定是變得更好了。要是在他父親那一代，認爲家境很苦、很不公平，便自暴自棄，又怎麼會有現在的美好天倫？

世上哪有什麼公平不公平，只要做事問心無愧，能夠做到比上一代更好就好。

別忘了，財富是累積來的，縱使你當不成富二代，至少讓你的孩子有機會當上富二代！

畢大想跟你分享的是——

人生之所以有趣又辛酸，正是因為那份不可預期性。資本主義讓大家都為了賺錢而努力。認真打拚不一定會翻身，但是不斷往前走、往前衝，有一天，當你回過頭看，也已經離起點很遠了。

即使這一代沒有達到目標，那也沒關係，不是嗎？別急著想在短時間內賺大錢，機會是留給準備好的人。

CHAPTER 3

理財之前先理債

關於存錢、債務、現金流

1 壞債不能留，好債則要盡量拖著

上週日，我原本在古亭站的星巴克與團隊成員開會，老媽一通電話，說家中有重要客人來訪，我便立刻趕回老家。畢竟這位重要客人是老媽的國中同學，也是從小就很照顧我們家的一位長輩阿姨。

貞姨的兒子在竹科上班，剛從德國出差回台。他說有時候回老家看到媽媽粗茶淡飯，甚至午餐一顆大饅頭就搞定了，實在看不下去。

已退休的上校老公，偶爾會到私人公司做管理顧問，週末假日就幫著貞姨包包水餃打發時間。

貞姨還有一個女兒在航空公司上班，航空公司輪班比較不一定，這次就沒參與我們的聚會。

飯後吃水果閒聊，老爸問：

「這把年紀了，你們怎還不遊山玩水去？趁還能玩，就再多走走吧！」

貞姨說：

「唉呀！除了女兒，我也想多幫幫兒子啊！別說台北，連新竹的房價都高了不少。年輕人眞的很辛苦！」

剛泡好咖啡走進客廳的母親說：

「什麼？你才剛幫完女兒，還要幫兒子？這樣也太拚了。」

因爲之前太忙的關係，我錯過了幾次聚會，還有點狀況外的我說：

「等一下，貞姨不是才把股票都出清大半，幫女兒買下桃園的房子嗎？這幾年台股、美股都漲很多，有點可惜了。」

近幾年鮮少碰股票的老爸說：

「對啊，股票漲很多，像是台積電，之前一直創下歷史新高價。」

二十幾年前，貞姨曾經股票大虧超過五百萬，這對我們一般市井小民來說，可眞的是一筆大錢。所以，金融海嘯之後，幾乎都是小小買進，反而將銀行定存大大增加。

貞姨笑著說：

「我知道你們講的，不過，當初女兒要出嫁，總是希望有點嫁妝給她。當時桃園買四十坪含車位要六百萬，頭期款就要三百萬了，媽媽總是心疼女兒太辛苦。」

我接著說：

「至少房貸壓力不大啊！貸款二十年的話，現在也還了四年多。況且現在各國都在降息居多，還有些國家把利率降到負數，所以欠一些低利率債務反而是好事。」

老爸在一旁糾正說：

「亂講，他們房貸早就還完了，哪來的債務？」

在老一輩的眼裡，欠債就是不好，甚至覺得不光彩，所以我立刻被糾正了。

我驚訝不已，繼續說：

「才四年你們就把剩下的三百萬都還清了？」

之所以會這麼驚訝，是因爲貞姨與她老公也不是做什麼大生意的人，就是苦幹實幹一輩子的老公務人員。除了老公是軍官退役之外，貞姨年輕時也是軍方的行政小雇員。

她說：

「雖然當時買房跟銀行借貸了三百萬，但總覺得渾身不自在。於是這幾年的時間，全家人一起還，東湊一點、西省一點，過年前就清光債務了。」

貞姨的上校老公笑呵呵的補充：

「我們家一向打團體戰！」

投資之前必須先存錢，雖然是老梗，卻是硬道理。

常收到讀者來信詢問很多投資的問題，其中一個最常見的問題就是：

「畢大，請問我現在存款只有十萬元，適合投資美股嗎？我也能大賺嗎？這波美股好像一直漲，很厲害。」

雖然我們都知道投資越早開始越好，可以及早累積複利的效果。但換個方式說，**大多數的人還是靠「本業＋節儉＋投資」，才能財務自由，所以個人專業還是非常重要。**

年輕人在資本還不雄厚的情況下，每個月從薪水中扎扎實實存下來的錢，才是擴充帳戶最快的方法。

因爲拿去做股票、期貨，不會每個月穩贏，只有薪水存起來才是穩贏。其實，坊間的定期定額三千元買基金這招，除非你買的是被動式基金（ETF），要不然，高昂的內扣成本，很容易就吃掉了你的利潤。如果你還會因爲基金的漲跌起伏影響心情，甚至影響工作表現，那更是得不償失。

或許年輕人總覺得老一輩人的觀念已經過時了，不過節儉的榜樣應該還是可以學習一下。

曾經遇過幾個科技業的年輕人，年收入超過百萬，甚至達兩百萬，但工作五年卻存不到人生第一桶金。

也認識每個月薪水不到四萬的小職員，工作四年，就存了超過百萬，進而分散一些資金到股市，也確實搭上了這幾年的順風車，累積了相當的財富。

機會不會一直在你身邊，只有準備好的人才可能抓住。

想要的太多，需要的其實不多。

「每個月唱歌兩次應該不過分吧？」

「每個月發薪水買幾件新衣服應該還好吧？」

「一個星期看一場電影，會很多嗎？」

「手機用了兩年覺得不夠快，再換一支應該合理吧？」

「每年出國玩兩次是基本必備的吧？」

相信周遭一定有朋友講過類似的話，這些話是對的，也是錯的。

因爲有人一件衣服穿了五年還沒丟；也有人手機用了四年還沒換；也有人覺得唱歌、喝酒很花錢，於是改去公園跑步；也有人工作了十年才第一次出國旅遊。

這些消費情況眞的沒有什麼對錯，關鍵在於，你擁有什麼樣的經濟力來支撐這樣的消費習慣？

如果沒有富爸爸、富媽媽，那你想要留下些什麼給十年後的自己？

永遠忘不了年輕時第一次買台股，興奮得睡不著的景象。

當時還用父親的戶頭下單，跟他合買了2306宏電（宏電後來與宏科合併成爲2353宏碁）。

以前拚了命的存錢，那怕是幾百元都好。因爲看了巴菲特的書，總覺得多存一些錢，我應該可以靠股票身價破百億。年輕時眞的很天眞。

當朋友們一群群往錢櫃、好樂迪跑的時候，我只想趕著去誠品多買幾本財經書來看。重點是，買書還比較便宜。

一位朋友說：

「股票是什麼我是不懂，不過最好省這幾塊錢，會變有錢？我才不信！」

這就是大多數朋友的想法吧。

說眞的，我很感謝二十多年前的我所做的這每一個決定。也因此，我從很年輕的時候就學習投資理財，開始累積未來的財富。並且也知道絕對不能有卡債、信貸等較高利率的債務。

要留下的好債，就是房貸。因爲房貸利率只有一．五%上下，這樣的利率對我來說，可以將資金做更多的活用，不需要急著還款。

貞姨的做法可能就是求一個安心感，也沒有錯，只是無法讓財富擴增更快而已。

（A）收入－開銷＝存款

（B）收入－存款＝開銷

你是屬於哪一種呢？

存錢是一個習慣，什麼樣的消費等級適合自己，每個人都應該要好好想清楚這個問題。

尤其是家中無法給予很大財力奧援的人，更應該好好思考。

說十年或許太長，但總是抱怨自己什麼都沒有的人，應該要思考的是五年前的自己，到底留下了什麼給五年後的自己？

如果現在不趕快爲下一個五年做準備，那下一個五年依舊會只會聽到嘆息聲。

畢大想跟你分享的是——

老一輩人經歷了高利率的時代，貸款利率動輒八%或一〇%起跳，所以養成了要盡快還清貸款的想法。

不過，當房貸利率已經低於二%的時候，這意味著不要提早償還，會是比較好的做法。

除非你真的現金在手會忍不住花掉，那另當別論。

2 被奢侈品控制住的工程師夫妻

前兩天跟好友阿文見面，也半年多沒碰面了，畢竟大家都在忙，時間轉啊轉，就是一個月又一個月過去。

他是少數打從外表到開口講話，你會知道他就是很善良的那種人，彷彿這世界的複雜與算計都跟他扯不上關係。

同是北漂族，我們總是互相照應。高高瘦瘦的他，當年是國立大學資工碩班畢業，踏入社會就是一名平凡的工程師。但他沒有選擇去竹科賣肝，而是留在台北，跟著教授認識的一個年輕老闆做事。

當年教授推薦他去開疆闢土，也算公司的創業元老，員工編號似乎是二號還是三號。一待應該也有十年之久，還是更久，我也忘了，算是很認分的老員工。

原本也是穩穩當當，租屋在台北，偶爾回桃園看看父母親。

結婚之後，太太身體不好，有慢性自體免疫性疾病，發病時常常要跑醫院，導致工作無法繼續。

阿文想說，反正也不打算生小孩，就這樣跟太太兩人過生活，一個人的薪水應該也還夠吧！畢竟一個月七萬多，應該還行。

妻子身體好的時候，就在家打掃做家務，狀況不好時，就臥床休息。只不過，女生難免喜歡買些名牌包、小東西之類的，加上消費可以分期付款，信用卡就這樣刷啊刷。

阿文疼愛妻子，只能盡力溝通，但卡債的累積是滾雪球式的，銀行可沒有要跟你溝通的意思。利滾利，一不小心才發現超乎自己的能力。每個月薪水七萬，哪可能負擔得起台北的房租和近四萬的卡費？別忘了，兩個人還要吃飯生活。

身爲朋友的我也看不下去，耳提面命跟阿文說：

「疼愛妻子是一回事，一定要妥善處理這些債務，要不然再滾下去，眞的會被銀行逼死。不能再刷了。」

阿文說：

「她生病了，加上在家也無聊。我們已經商量好，每個月就一個固定金額，刷完就沒了，不能買太多。我知道這很嚴重，放心。」

去年，阿文的公司被老闆惡性倒閉，一群員工也只能七上八下希望老闆多少可以把遣散費發出來。阿文身爲資深員工，同樣被拋棄了。

所幸，這群同事們都有技能。在台灣，念理工科找工作還不算太難。

阿文笑起來總是瞇瞇眼，非常溫暖的一個人。問他之後打算怎麼辦，他也只是無奈說：

「老闆就說沒錢呀！燒光了。有叫他寫一張單據，就是欠每個員工多少錢這樣，不過也不知道有沒有法律效力。」

這次見面是約中午，我們就隨意找了南京東路上的海南雞飯，坐下來吃頓飯敘敘舊。

中午時間短暫，畢竟他下午還要趕回去工作。

我們一邊吃飯一邊聊，我隨口問：

「家裡都還好嗎？現在多久回去一次？你媽還在餐廳做事嗎？」

跟阿文的母親見過幾次面，也是很親切的一位長者。

還記得學生時代，有陣子流行染髮，我老媽比較傳統派，刻板印象認爲這就是壞小孩。當時人生第一次染髮，家裡還鬧不愉快，擔心我走偏了，覺得這孩子怎麼變成這樣，差點家庭革命。當時我還跑去阿文家躲了兩天，想想也眞是好笑。後來我老媽反而自己喜歡上染髮，畢竟看起來也比較年輕。

這些回憶眞是無比珍貴又有趣，如果講給現在的年輕人聽，應該會覺得染個頭髮有什麼好大驚小怪的。

阿文笑笑說：

「有啊，每個月還是會回桃園一次。我媽就老樣子，能做就做，身體也比較健康。不過我爸得肺癌了，應該是末期。」

我驚訝問：

「這什麼時候的事？怎麼沒聽你說過，醫藥費怎麼辦，貴不貴？」

阿文平淡的說：

「就上個月還上上個月，目前化療進行中，就以健保爲主，需要自費的藥物，我們也不可能出錢。」

他的父親是保全，菸癮很大，跟家人關係很疏離。年輕時有撫養他們三個孩子，後來可能因爲身體狀況，又或者只是覺得倦怠了，總之就把養育孩子的重責大任都放掉不管了。

我不懂爲什麼，也不便深究原因。對我來說，孩子滿十八歲之前，當爸媽的拚死拚活都要把他們養大。這是我的價值觀，沒有模糊的空間。

阿文的母親一肩扛起房貸和孩子的撫養責任，人生除了不停工作賺錢養家，沒有其他一丁點的娛樂，至於奢侈品那是更不用談。

好在當年房子不算貴，房貸金額很少。他大哥那時剛畢業正在找工作，所以一個女人還能咬牙養大阿文跟二哥。

至於這個父親，全家人都沒太多的理會，這樣的婚姻名存實亡。對傳統家庭來說，養家是男人最基本的價值，也是責任，但他放掉了……也許有什麼苦衷，也或許就是不想負責任了。人生走到今天這步，也是自己要承擔。

也難怪阿文現在還能面帶笑容，彷彿說的是一個陌生人的事。

雖然小時候父母親沒辦法給予我們很好的物質生活，但至少看著他們全力工作，省下每一分錢養大我跟弟弟，也無形中樹立一個榜樣，不管多苦，都要讓孩子長大。

父親沒念什麼書，就是苦幹實幹，勞力賺錢，但依舊得到家人的愛與關懷。一個人不需要念太多書，同樣可以得到人家尊重。相反的，即便是做生意的老闆，連員工的生計都不顧，欠薪也不還，那管你什麼名校畢業，也絕對讓人覺得不齒。

阿文家沒有太多閒錢投資理財，甚至可以說連生活都不好過，這都是惡性循環。好在他很理性，除了太疼老婆這點以外。

當初婚後他就跟太太講好，除非身體狀況或財務有好轉，要不然絕對不能撫育下一代。其實我也同樣抱持同樣的想法，有經濟困難就別生了。如果有能力，多生幾個孩子倒是無妨。

中產階級就是不能有一丁點的閃失，生病、裁員、各種意外，或者長輩倒下……等等，這些都足以讓中產變成貧苦階級。

對平凡老百姓來說，太多的夢想有時候是奢求，能夠撐過一個月又一個月，就已經是不簡單的人生。

畢大想跟你分享的是——

很多人總覺得「偶爾」買一個奢侈品應該還好，這其實是一種逃避心理。

購買的頻率很容易變得越來越頻繁。尤其現在各種媒體廣告都做得太好了，每個細節都是行銷公關公司精心設計。

這年頭要把荷包守緊真的是不容易。

如果現在雙薪家庭是常態，那麼單薪家庭更要想清楚，萬一家中唯一的支柱垮了怎麼辦？

信用卡的分期工具看起來很棒，但最好別亂用，小心雪球越滾越大。

3 現金流是一般人最容易忽略的致命傷

下午出門去市區，搭乘 UBER 要趕著去上課。一上車，看到一位滿頭白髮的長者，估計應該超過六十歲，可能快七十歲了。有些人白髮是白得很好看的那種，這位司機大哥就屬於這類。

「大哥您退休了吧！假日還出來跑車？」

用這樣的方式開頭，接著就是我的聽故事時間。

運將大哥看起來很斯文，有書香味的那種，所以我猜想他應該是退休之後，覺得太無聊才出來跑車。

運將大車哈哈大笑說：

「我是眞的出來討生活的，不是退休，如果封城三個月，我可能就會餓死。」

乍聽之下自然覺得是謙虛，我繼續說：

「哪有可能，我一年搭 UBER 幾百趟，你的氣質看起來就不像是領薪水的人，以前是做生意的吧？」

畢竟大家都說台灣三十年前景氣非常好，賺錢的前輩比比皆是。

運將大哥說：

「你怎麼知道我是做生意的？眼力很好。是呀，以前景氣是很好啊！以前我做教育訓練的教材，白手起家。誰知道，當時一心想賺更多錢，擴張太快，後來公司倒了。」

原來這位大哥當年也是做生意當老闆的，要不然，選擇安安穩穩的上班工作，六十歲退休的上一代人也相當常見，並不是太困難。加上上一代人普遍都省吃儉用，五十幾歲就退休的也不少，不至於到了這把年紀還要出來開計程車。除非是自己想出來交朋友，這個另當別論。

我看著窗外想著這些事，接著問：

「大哥您住哪邊？」

運將大哥說：

「我住和平東路，以前老家在中永和。」

我聽到這，想說這怎麼會落魄？住在大安區的話，應該有一定財富水準才是。

運將大哥接著說：

「租的啦！以前老家早早就賣了，爸媽都不在，就賣掉了，兄弟姐妹早就把那一點財產分光了。」

三十年前，他從美國引進一些教材，當時很多公司需要做教育訓練，他除了賣實體教材之外，也協助公司做培訓，常常要上台講話。這些教材的售價是固定的，總部規定一個價格，不能私自改價，所以後續的培訓服務都是「免費」，這讓他的事業出現了很大的問題。

我一聽連忙說：

「這個生意模式怎麼這麼爛？簡直太危險了，這樣豈不是賣越多你越累？更何況，供需失衡之下，爲什麼你不能加價賣教材？要不然，毛利只會隨著你越來越忙變得更低，失敗的可能性很高。」

運將大哥又是一陣爽朗的大笑：

「是啊！所以我倒了，人生就這樣失去了一切！當時不知道，也沒人教，加上資金周轉不靈，卻還開了很多分點，擴張太快，就這樣倒閉了。我賣了兩間台北市房子，還有一間桃園的房子。這大概是十幾年前的事情了。」

我只能安慰著運將大哥：

「做生意真的很難，那些房子賣掉好可惜，如果放到現在，你恐怕身價不菲。」

「做生意真的難，而且相當辛苦。」

運將大哥說了這句話。

他的公司在那個領域曾經是全台灣頂尖，只不過太急了，摔了一跤。沒有弄清楚現金流，也沒有弄清楚毛利，基本的會計守則也都沒有人教他。

是的，很多大老闆也是這樣懵懵懂懂上去的，但有更多的人就這樣不小心摔了下來。

他比較晚婚，有兩個孩子，其中一個還在念大學，所以才會說開計程車眞的是爲了生活，要不然全家都會完蛋。老婆也找不到工作，畢竟都已經六十幾歲，找工作談何容易？

我下車時跟他說：

「很感謝今天與您的對話，讓我學到寶貴的一課，現金流眞的很重要。」

運將大哥笑得很大聲：

「跟我這種人能學到什麼？我就是個失志的人，這輩子差不多就這樣了，人生不能重來。你太客氣了，我祝你今天工作順利。」

下車後，我一直思考著，整趟路途，運將大哥與我說說笑笑，但車內氣氛卻充滿了惆悵與惋惜。

那三間房子如果放到現在，都是三房兩廳帶車位的標準房，再加上本業，身價應該也有上億。

就這樣，他白手起家，翻身上去，卻又無情的被市場收去了財富，徒留下人生精彩的一戰。

這跟平凡無奇的人生相比，哪一個會是你想要的呢？

說眞的，我還眞不知道。平凡是福，也未必一定要往上爬到什麼高度才能證明自己。

如果失去的是金錢以外的東西，很可能帶來的痛苦並不亞於金錢。

這是我想和讀者分享的事。

現金流很重要、健康很重要、家庭和樂很重要、朋友的關懷很重要、公司盈利與否很重要、子女的教養問題很重要、爲社會的奉獻很重要。

什麼是你正在追尋的呢？

畢大想跟你分享的是——

公司虧錢不會倒，沒有現金流入才會倒。

許多人不了解，做生意不是把貨賣出就好，還要把錢收回來，這才是最重要的。

拚命賣，再拚命進貨，結果錢一直沒有進帳戶，每個月的員工薪水和房租、水電卻又不斷付出去，現金就這樣流掉了。

讀者必須審慎小心，不要因為一時的得意忘形而失去了江山。

4 懂得分辨什麼時候要舉債，是很重要的一項技能

一位好友移居美國西岸好一陣子了，他同時也是專業投資人，目前不到五十歲。當初他四十歲不到，就靠著股市累積到好幾桶金，金額應該符合現在社會上所說的財務自由標準，這邊就不方便詳述人家數字了。

某天，美股下午盤的時間我們聊了一下，西岸的早上，是台北的凌晨。一開始是打字聊，後來索性直接用講的比較快。現在有各種語音通訊軟體，眞的很方便，也不用花電話錢。

我們的話題很廣，不管是股票投資，還是社會議題，或者關於如何幫助年輕人，他都有一番見解。

我們認識不少年，即便觀念或操作方法有所不同，也都能夠平和理性的

討論，算是良師益友。畢竟賺錢方法百百種，沒規定什麼方法才是唯一。

他提到：

「其實年輕人現在處在一個最美好的時代。」

我問：

「但是我遇到的年輕讀者，大多是抱怨低薪，或者是財富差距這麼大，是很糟的時代。況且媒體也是天天放送這樣的資訊，也難怪讓人失望。」

他語氣略爲激昂的說：

「如果只是抱怨，卻不看看網路上有這麼多免費和付費的資源，不好好學習，那當然永遠不可能翻身。例如：股市漲翻了，爲什麼沒賺到？房子漲了四十年，中間也偶有回檔，爲什麼也說賺不到？」

關鍵是求知若渴的態度。

對一個年輕人來說，比年長者更具優勢的地方，就是體力與思緒更爲清晰。

而且這個階段往往還沒有家庭的負擔，資金可以充分利用，也就是可以比較沒有顧忌的投資，不需要瞻前顧後。

讀者可以想想看，一個二十五歲就開始學習投資，並且眞的執行的人，即便跌倒了，他還爬得起來。

但如果是一個四十五歲，家中還有兩個孩子嗷嗷待哺，以及同樣在奮鬥的另一半，加上房租、房貸等等，即便你存款有三百萬、五百萬，你也很難眞的放手投資，也許投入一半就很不錯了。

好友當初申請就學貸款去美國念研究所，原本家中是反對的。住在板橋一直做著小生意的爸媽認爲去念書要花很多錢，在台灣就好。但他很堅持，於是父母親就讓他自己申請學貸去念書。

畢業後，他就留在那邊當工程師，物價雖然比較高，不過稅後所得還是比台灣好一些。他利用下班時間不斷研究股票，並且每個月強迫自己存下一定金額去買股票。過程中當然有賺有賠，但也累積了不少經驗。

他是很認眞的投資者，雖然有些學派不認爲做股票下工夫就有用，但我跟他都認爲其實還是有些用處的。

他說，二〇〇八年金融海嘯之前的投資就當作練兵吧，畢竟錢也不多，加上還要一邊還學貸。經歷過空頭的洗禮，他變得比較謹慎，看對的股票也能抱很久。金融海嘯過後，財富也確實倍增。

我的專欄讀者很清楚，我一向不喜歡造神，也不常提及獲利很多的故事，反而是提醒風險居多。

但好友說：

「股市就是我翻身的地方，爲什麼不能說？下足工夫，買到一路大漲的股票，幫自己賺取財富，這不是我們進入股市的最終目的嗎？家境原本就不錯的人，那是錦上添花，但一個平凡的窮小子，如果不靠股票、不靠房子、不靠創業，還能靠什麼？樂透嗎？」

他財務自由後還是很熱衷投資這檔事，也在二〇二〇年得到了豐碩的成果，押中雲端、台積電、特斯拉。疫情期間也因爲停損虧了一些，但還好停損得早，才有後來的大賺。

從借錢去美國讀書，到二〇〇八年金融海嘯過後，第一波財富賺上來，再到二〇二〇年三月大跌停損後，重新布局並追回科技股，又讓整體資產再翻一番。

如果只看結果，也許你會有種想法：

「那根本只是幸運，買錯怎麼辦。」

這種說法很常見。但特斯拉的 SpaceX 火箭順利升空，機率也是不高。我們在求學過程中，念很多書也未必能考上醫學院，這機率肯定也很低。

不少父母都希望孩子能夠當醫生，但很明顯，這是艱難的任務。就算考上醫學院，順利畢業，還要進大醫院磨練多年，從實習醫師、住院醫師，當到主治醫師。歷經這些過程，我們如果依舊認爲「他只是幸運考上醫學院」，只會顯得我們很可笑。

「幸運」這個詞可以用，但不能用在任何地方，否則將會抹掉自己向上的動力。

運氣的確有點重要，但努力也不可缺乏。當初好友可是拚了命，舉債也要去美國念書。

舉債就一定不好嗎？

他因爲去了美國，看到更大的視野，而且習慣了簡約過日子。剛出社會時，也因爲美國起薪較高，存錢比台灣快很多，所以累積到一些本錢投入美股市場。這些都是讓他四十歲不到就財務自由的基石。

機會永遠是留給準備好的人！

許多俗諺講得老套，但有了一些體悟之後，你會發現確實如此。

不希望讀者聚焦在人家賺了多少，所以具體數字都不提供，以免失去了本文的初心與意涵。

畢大想跟你分享的是——

對年輕世代來說，這是最美好、也是最艱辛的翻身時代。如果什麼事情都用「幸運」來解釋，將會讓自己失去奮鬥、努力的意義，只會嚷嚷著「那是因為別人比較幸運」。

但事實上，不管是房市、股市，確實都創造出無數的富人，這並非謊言，而是我們真真切切遇到的案例，而且為數還不少。

既然如此，我們為什麼不學投資？

投資自己也是一門好生意，學貸要花在刀口上，如果只是想要混學歷，那就沒意思了。

真實的傾聽自己的內心，你自然會有答案。

5 長年期的低利貸款不用看太重，別被媒體的雜訊干擾決策

最近看到一則新聞滿夯，各家標題差不多，大概就是夫妻倆年收合計兩百五十萬，自備款一千五百萬，想要買台北市蛋黃區三千萬的新屋，沒想到被代銷洗臉，冷言冷語，態度很差。讓他們很感嘆，是不是台北市一輩子也買不起？

這種引起爭議的標題，加上又涉及到貧富對抗，當然是吸引點閱率的一種手法。你如果因此跟著情緒起伏，那就是媒體想見到的，最好還分享給多個人，新聞的傳播度就更高。

對於這種新聞，是看過就算了，還是能藉機訓練一下思考？

我認爲後者是比較有建設性的。

畢竟對數字敏銳度越高，越有可能在股市中長期生存下去。

曾有讀者問：

「要如何強化對於數字的敏銳度？」

我對這提問感到印象深刻，但還眞的不好回答。

主要就是平常的訓練，看到數字會自動想要去推算、拆解，看看到底合不合理。久了之後，敏銳度自然會上升。

我們來看看這新聞主角的幾個基本設定。

已知條件如下：

一、夫妻倆年收合計兩百五十萬

二、自備款一千五百萬

三、想要買台北市蛋黃區的房子

四、兩房的新屋要三千萬

不少大眾把焦點放在「被洗臉」「態度很差」「台北市一輩子也買不起」「收入這麼高還是買不起」之類。

但讀者要切記，這些都是情緒用語，無法讓我們更進步，而且大多都是雜訊，對於提升我們的數字敏銳度毫無幫助。

重點就以上四點，其他幾乎都是後製加上去的，也就是新聞調味料。

接著大家就可以自己算算看了。

首先，台北市蛋黃區的房子，兩房的新屋，有沒有三千萬以下的？

上591網站，點選台北市蛋黃區，像是信義、大安、中正、中山、松山這些區域，兩房、兩千萬到三千萬區間，就會跳出多個物件。

接著，讓我們想想一件簡單的事情，如果要買三千萬的房子，自備款一千五百萬，代表有五成的頭期款。但買房基本上有二到三成的自備款就行了，剩下的銀行會貸款給你。而且夫妻倆年收入有兩百五十萬，銀行通常會滿友善的，除非信用不佳，或者是地下收入（例如路邊攤），才會不借你錢。

大概算到這邊，我們心中應該就有底了。

於是這則新聞我們就可以略過不看。

爲什麼？因爲這不符合邏輯。

一般人不會用五成的自備款買房。況且，貸款三十年的話，貸款五成就是一千五百萬，每個月還款金額僅五萬零四百元（網路上有很多房貸計算機，自己去查查。）

對於年收入有兩百五十萬的夫妻來說，代表每個月有二十萬的收入，拿五萬去繳房貸是很困難的事情嗎？這令人匪夷所思，不知該說什麼好。

在這個資訊爆炸的時代，如果每天泡在網路上滑手機，看的內容卻無法幫助自己進步，甚至還更迷惑，那不是很吃虧嗎？

我們再從另一個點切入，假如今天新聞主角沒有要買三千萬的「新屋」，而是去看標準三房帶車位的房子，那大概行情是多少？

是不是可以再隨手查一下？反正就幾分鐘的事，與其聽人家傳來傳去的新聞，爲什麼不直接去看看市場，不就清楚了？

一般人看到這則新聞，焦點都放在毫無討論價值的點上，像是：「天哪，夫妻倆年收入有兩百五十萬，竟然還是買不起房！」「三十歲怎可能有自備款一千五百萬，太扯了！」「台北市果然是天龍國，房子竟然要三千萬，而且還買不到！」這是十分可惜的。

這些都不是太重要的事情。因爲夫妻倆年收合計五百萬以上的，在台灣也不少；三十歲有自備款三千萬的也看過；至於台北市的房子，別說三千萬，很多三房或四房帶平面車位的新建案，五千萬、甚至上億都滿常見的。

如果有個人剛進股市，看到台積電現在一張要六十幾萬，也會覺得好貴、好驚訝，不過才一張而已。但已經在股市已經很多年的人，就會知道台積電一張六十幾萬也不是最貴。台股有上千元的股票，不是嗎？

當然，每個行業都有不好的從業人員。說眞的，結婚之前我也跟太座去看了幾次新建案，對方態度眞的是不太好，因爲他們大致上會看你開什麼車，另外就是看你的穿著打扮、氣質與配件。

很遺憾，當時我騎機車，跟太座就單純是去逛逛而已。代銷覺得我們不是潛在客戶，隨意打發我們，也不過就是正常的業務手法罷了。

有用的知識與技能，如果早點學會，總是受用的。

媒體往往要的是點擊率，不需要太認眞。

更重要的是態度、數字敏銳度，以及一份積極求知的心。

畢大想跟你分享的是——

聽過身邊不少人，當他收入足以買房成家的時候，卻因為看了許多媒體資訊，越想越慌張，便卻步了。

畢竟誰不是聽到三十年房貸就是先嘆口氣，聽到背債就害怕。

但事實上，長年期的低利率好債，像是利率一．五％以下的房貸，就不用太過擔心。

只需要思考每個月的房租與還款金額差距多少、家庭收支是否能穩定償還貸款，這樣也就夠了。

想再多都沒有用，因為沒有人可以料中十年、甚至二十年後的社會局勢。

6 拿家中的房子抵押做股票，到底可不可行？

知名的橋水基金創辦人達利歐在二〇二〇年一月底的時候說：

「現金就是垃圾，建議投資者多元化投資。」

到了三月底時，甚至還說長期買進先進國家的債券，也差不多等於垃圾，因爲無法抵抗通膨。

根據彭博億萬富豪指數，現年七十二歲的達利歐身價一百五十六億美元。

他也批評比特幣不可能漲十倍，這是無稽之談。不過，他自己將一部分的錢投資了比特幣，雖然跟手上持有的黃金相比只是很小一部分，而黃金跟其資產相比又只占一小部分。

他認爲政府不希望加密貨幣成功，但這並不意味著投資者不應該多元化投資。

對大多數讀者來說，或許會有這樣的經驗，就是看到很多投資名人的說法，往往很快就影響自己的內心，甚至改變原有的策略與布局。

達利歐的這段話，有一點是最值得大家參考的，那就是「多元化投資」，不要只單壓某一商品。

可是有人只注意到「現金就是垃圾」，便瘋狂的把錢都拿去投資，忘了風險的存在，以及現金還是很好用的，並非全然是垃圾這些重要觀念。

也有人把焦點放在「先進國家的債券也差不多等於垃圾」，於是把多年來「股債平衡」的策略，改爲「全股票」。

其實，這麼多投資名人，看法有多、有空。每種商品都有人看好，也有人看壞。投資人若是心無定見，自然就隨波逐流。

也因此，有不少讀者都曾經問過我一個問題：

「請問現在貸款利率這麼低，是不是把家中的房子拿去抵押貸款，拿去買績優股，會比較賺？好像不少人都這麼做！」

這題實在是太多人問了，簡單來說，如果家中「只有」一間房子，我不建議這麼操作。

但如果家中有兩間或三間，甚至四間、五間房子，這麼操作其實也沒什麼不行。因爲假如無貸款的房子有很多間，你不冒險所面臨的通膨風險，會比一般人更大一些。

投資股票的風險是一定有的，績優股也好、定存股也罷，怎麼樣都會有人爲操縱的風險，也偶爾會有大盤的系統性風險要扛。

簡單來說，股票跟房產的本質截然不同。

如果家中只有一間房子，卻又興致勃勃拿去貸款做股票，不幸有個萬一，該怎麼辦？

不過，如果家中房子本來就有多的，拿來投資績優股的風險就會比較小。

當然，也不是說一定要這樣做才行。

但這題的答案已經算相當清楚了。

用房子抵押貸款去炒股，利率比跟券商融資便宜太多，這也是這些年來股市蓬勃發展的主因之一。

因爲現在貸款利率實在太低了。

但這種利率能永遠持續下去嗎？

以目前的風向來看，聯準會在二〇二二年的第三季或第四季，升息的機會應該很大。

倘若美國消費者物價指數（CPI）數字繼續往上走，那升息的速度跟力道會不會更猛？

這些都是用抵押貸款操作股票的人必須嚴肅思考的問題。

有很多人看著短線資訊，卻嚷嚷著要長期投資。

也有不少人看著長線資訊，卻大喊著要短線操作。

這些是一般投資人常犯下的錯誤。

回到「現金就是垃圾」這個問題上。

的確，全球大印鈔之下，貨幣的價值大貶。同樣的，房子、股票、保險，在這兩年內，價格大不相同。

市場的錢怎麼流動，不需要看名嘴分析，只要用心去感受，你就能發現。任何人都應該常常練習獨立自主的思考，而不是聽人家說「現金就是垃圾」，就眞的費盡心思把手邊的現金用盡。

貸款利率是眞的很低，二%左右的貸款利率，拿去操作股票，抵抗通膨，投資人看到的都是美好的一面，彷彿都沒想過自己虧損的金額有可能遠遠大過通膨。這是非常重要的事情。

進入市場不能只想著穩贏，而要想著，輸的話，你有沒有備案。

是的，工作很辛苦；是的，加班很勞累；是的，照顧小孩也是筋疲力盡，還有生活中各種大大小小的事情等著我們去處理。

但也因爲有這些瑣事才是生活。

短時間持有現金，並不是垃圾，而是保有一份彈性。

緊急預備金跟生活費要準備好，才能幫助我們抵禦更強大的逆風。

除非長時間十幾、二十幾年都持有大量的現金，那眞的就虧很大。因爲購買力確實會嚴重被掠奪。這就是一般家庭最需要知道的理財觀念之一。

畢大想跟你分享的是——

拿房子去抵押貸款，大多數人看到的是利率很低。股市現在看起來很熱，隨便一年賺個五%、一〇%應該不是很困難，卻從未想過自身的財務條件。

只有家中有兩間房子以上的人，才能拿多的那一間去抵押貸款。要不然，只有唯一自住的那間房產，為什麼要去賭上整個家庭的人生？

對極度富有的人來說，股市輸贏的錢，只是資產配置的一小部分。

但對我們一般市井小民來說，現金絕不是垃圾，而是我們最後的救生筏、救生圈。

CHAPTER 4

自住房產

房子是我們的根，
也是存放財富的好去處

1 原生家庭不好一樣可以出頭，只要你願意扛

跟好友阿芬大概認識了快二十年，差不多兩年沒見過面，打從二〇二〇年疫情爆發，能避免去人家家裡打擾是最好的。她也說得直接，兩個小孩才幼兒園這麼大，用 Line 聊聊就好。老友還是維持快人快語風格。

阿芬講話速度極快，曾經是職場女強人，待過金融業，銀行、保險都待過一陣子。跟先生結婚後，就幫著夫家做事。夫家算小型傳產業，公司股東就公公跟自己先生，還有兩個兄弟，沒其他外人了，是很常見的小公司型態。

想說也好幾個月沒聯繫，打電話過去寒暄，她女兒正準備上小學，也順便關心一切是否都順利。

「阿芬，最近如何，都好嗎？」

「就普通，工作再工作，加上現在疫情，哪邊都不能去，好在我工作可

以在家完成。」

阿芬是以前打工時認識的，眞的是很久遠的年代。時薪七十元的年代，如果能找到九十或一百元的工作，就値得歡呼加上慶祝。那段時光我很難忘。

當時是幫大型行銷公司做問卷，說白了就是打電話。按照規定，要很規矩的一題一題詢問，電話都有錄音，也有督導會抽查。每次問卷的主題不同，可能是消費品，也可能是菸品，也可能是電視節目收視率等等。總之，那是一個詐騙比較少的年代，耽誤個三、五分鐘回答問題，大多數人都還能接受，記得有大約三〇%的成功率。

阿芬口條十分俐落，即便我們只是工讀，也常有互相較勁的意思。年輕時的她頂著金髮米粉頭，乍看之下還眞有點像是不良少女。其實都只是刻板印象，年輕不就是這樣。

人生的故事是說不完的。阿芬家境不甚好，父親愛喝酒賭博，輸了錢就跟母親大吵。這樣的家庭環境，縱使課業成績優秀，也得早早出外工作，大學都沒辦法念完。學貸就不用說了，那是肯定要的。

她同我一樣，都不是出身富裕家庭。只不過我很慶幸，父親沒有任何壞習慣，即便做底層勞工，也拚了命沒讓我背負學貸。

阿芬的學費常常是父親前一天打麻將贏回來的。當然，更常出現的結果是慘輸，必須到處借錢。她母親傷心極了，終於在孩子二十歲成年時，決定離婚展開新生活。

她母親我也熟識，吃過幾次飯，是很親切的長輩阿姨。她也給我取了一個外號，叫「打拚仔」（台語），因爲她看到才十幾歲的我很拚、很想賺錢，覺得這個外號很適合我。

即便阿芬跟妹妹早早就出社會工作領薪水，不過，父親這個理財破口，永遠都讓存款歸零。

阿芬妹妹還被親情勒索，雙證件被拿去跟銀行貸款，現金卡、信貸、地下錢莊樣樣都有。那時，她妹妹剛成年，很老實，爸爸說缺錢，證件就交出去了。

好幾次阿芬打電話來哭訴，一講都滿長的時間，我有時不耐，便脫口而出：

「你就不要理這個爸爸，賭成這樣，像話嗎？斷絕父女關係不行嗎？不要理他不就好了？」

這些事情在社會底層不斷發生，很普遍，但是沒有眞正接觸到，你不知道震撼度有多大。

父母親的財務狀態絕對會影響孩子的一生。很多貧苦的年輕人不是因爲他笨或不努力，而是受限於天生的家庭環境，這不是單單靠「努力」兩個字就能解決的。

阿芬苦笑對我說：

「同學，你別天眞了好嗎？我爸都要被人砍斷左手掌了，能不提錢過去嗎？他終究還是我爸，能怎麼辦，有辦法像你講的這麼簡單就好了。」

我在電話的另一頭沉默無語。

後來，阿芬的父親因病過世了，酒喝太多，菸抽太兇，有這個結果也不是太意外。阿芬當時沒有太多的悲傷，只覺得跟妹妹兩人解脫了。工作近十年，存款趨近於零，但至少可以重新展開人生。

阿芬的老公是個很踏實的人，就是不停工作，早出晚歸是常態。兩人在七年前也買了一間小套房，印象中不到十五坪，室內空間應該是十坪都不到，有夾層，不過樓上就只是睡覺的地方。

夫妻倆分工合作，男主外，女主內加外，就爲了打造一個屬於自己的家。在台北市中心，光這樣的套房，記得當年就不便宜了。但生活圈、工作圈都在那，似乎也只能這樣抉擇。

隨著女兒長大，夫妻倆也討論過要換更大的房子，不過，這話題常常一不小心就是爭吵的導火線。曾經建議他們搬離市區，或許壓力就不這麼大。

夫妻倆月收入應該超過十五萬，台股也做得不錯，中長線投資，績效還行。儘管如此，阿芬依舊過著相當勤儉的生活。他們收入到哪，知道個大概而已，但是他們的生活模式，很清楚，就跟當年人家說的二十二K低薪族沒兩樣。

家中需要收納箱，用錢買？休想，她把小孩的尿布紙箱一個個留著當作收納箱。阿芬笑著說：

「這樣就不用花買錢了，這些紙箱很好用。」

小套房不適合煮菜，因爲油煙很容易嗆得整間屋子都是，那就想辦法做健康的無油煙料理。臉書上也會貼跟兩個孩子一起吃晚餐的照片，看起來很溫馨。但衣服、褲子、鞋子、化妝品這些，還眞的沒出現在她臉書上過。

阿芬這麼說：

「我整天在家工作、帶小孩，穿新衣服是要給誰看？能穿就穿。小孩衣服就撿朋友小孩留下的。很多衣服都很好，幹嘛買？」

月收入十五萬，生活方式卻像是二十二K，這樣的日子過了七年，阿芬終於實現了夢想。

阿芬跟我說，她看了兩年多的房子，總算談到一間理想的物件。

「三房兩廳，兩個女兒都可以有自己的房間，老公也終於不用睡一樓客廳的沙發床了。你知道嗎？上週簽約的時候，我眼淚不停滴下來，這一路眞的很苦，但總算走到這步了。」

電話另一頭的她，平靜的語氣讓我感受到一個母親偉大的愛。

這不是什麼豪宅，更不是什麼新屋，就是屋齡超過三十年的電梯老社區。不過是在台北市區，好像買兩千五百萬還兩千七百萬。

像阿芬這樣的女性，都會區非常多。拚死拚活往上爬的時候，還會遭到冷言冷語：

「你這樣不會太寒酸嗎？」

「省過頭了啦！」

「叫老公多給點生活費吧！」

諸如之類的。

我是這樣鼓勵這位老友：

「未來會更好的，你還要更上一層樓。這不是終點，只是中場休息。」

我還跟她說，我打算將她的經歷寫給讀者閱讀。

阿芬淺淺笑著說：

「這也沒什麼好寫的，算了吧。讀者會想看這種無聊事嗎？」

我認為會的，有些人出身富裕家庭，卻也有很多來自辛苦家庭的小孩。

雖然每個人環境不同，但這些真實小人物的經歷，應該值得分享給大家閱讀。

別太快氣餒，我們都同樣努力過生活。

也祝福大家都能夢想成真。

畢大想跟你分享的是——

講到房價問題，大家都恨得牙癢癢。

問題是，當整個社會的財富快速增加，都會區的房價又怎麼可能下得來？

原生家庭如果不能給予資源，至少不要拖累家人，才可能讓下一代翻身。否則，貧窮當然繼續複製，難以改變。

大家都說自己已經很省了。但其實，還是有許多人月收入超過七、八萬，花得比卻月收入三萬的還省，那他自然比較快達到目標。

細細觀察，就會發現台灣社會的中產階級真的很富裕。

2 什麼樣的力量，讓人撐過三十幾個春夏秋冬？

前陣子，我去板橋找弟弟與弟媳，之前幾個月疫情比較嚴重，也好幾個月沒見面了。難得的家庭聚會，待到晚上九點，準備回家。

老樣子叫了UBER，等了幾分鐘，一部豐田休旅過來。挺好的，畢竟帶著兩個孩子出門，東西難免比較多，如果車子不夠寬敞，就會覺得有些擁擠。

上車後，一樣習慣禮貌性的打聲招呼：

「司機大哥您好。」

話還沒說完，發現原來是位長髮女司機，是位大姊。連忙改口：

「司機大姐您好，不好意思，剛沒注意到。」

「沒關係啦！那我們出發，安全帶記得繫。」

嗓音聽起來大約五十歲上下，講話口氣滿豪爽的。

雖然也是忙了一天，挺累的，但還是如往常般開個頭：

「大姐您怎麼這麼晚還沒休息？比較少看到女生開大車，很厲害。」

「會嗎？我以前是開公車的，後來開油罐車。哈！」

大姐爽朗的笑聲，彷彿覺得這部休旅車是迷你車。

「眞的很佩服，開大車要技術很好才行。」

忍不住讚嘆了一下。

聊了一下才知道大姐原來已經快六十歲了，充滿活力的樣子，實在不像快六十歲的人。

運將大姐聊到最近剛買板橋的房子，也是從新北的外圍往內圈移動。預售屋剛完工不久，準備搬進去。唯一的兒子跟她一同打拚繳房貸。

車子經過華江橋，我一邊計算著，然後說：

「板橋房子現在也不便宜，尤其還全新。您剛提到三十幾坪，應該也要一千四百萬上下吧？」

「我跟兒子都需要車位，你說的價錢是沒車位的啦！車位加上去的話，遠超過這數字。好在我兒子是軍官，收入很穩定。我們想要有個家，再拚幾年，應該會好過一些。」

運將大姐談起兒子，那眼神充滿驕傲。

正思索著怎麼都沒提到先生，但這畢竟人家私事，也不便多問。

「誰叫我是單親媽媽，兒子想說幫家裡忙，早早念了軍校。」

大姐平淡的說出這些話。

我停頓了一下，趕緊回應：

「那您的孩子很孝順，很體諒母親，年輕人願意這樣做不簡單。」

這是心裡話，同時也想沖淡車內低迷的氣氛。

運將大姐接著說：

「當初懷孕兩個多月，我老公就過世了，能怎麼辦，只能繼續走這條人生路。」

大姐的老公當年到外國工作，交通事故離世。大姐爲了肚子裡的小孩，忍著悲傷繼續活下去。

「出生後誰顧孩子？該怎麼工作？」

大姐自己吐出這些難過往事，我也沒有太多的顧慮，直接開口問了內心疑問。畢竟帶著小小孩，有時候連睡眠時間都不足了。當年的小女人怎麼把兒子拉拔長大，便成了大問題。

「當年做過保險，我抱著孩子去找客戶，一張張保單想辦法成交。客人也大多能體諒，後來也做過美容師，金融證照、美容師證照、一般汽機車駕照、大客車駕照，反正需要什麼就去考什麼，要不然沒飯吃怎麼辦？」

大姐回憶著上半生的過往，點點滴滴述說著這個艱苦的故事。

之所以後來離開公車、油罐車的駕駛工作，是因爲工作搬運重物，導致腰椎受傷。但是公司上層不讓她請公傷假，百般刁難之後，她只能再度離職，努力去考最基層的公職。上天眷顧了她，還眞的錄取了。

這裡就不便說太多，這樣的人物色彩算鮮明，被認出來就不太好了。

再過幾年就要退休的年紀，但運將大姐依舊思考著要如何多賺點錢。因爲單靠兒子要扛起板橋的房貸，著實相當辛苦，而且也不捨。

大姐驕傲的說：

「我以前開大車就是謹慎小心，而且不菸不酒不賭博，很難想像吧！以前常看到那些司機，賺了些辛苦錢，喝酒賭博就花掉了。當初我很清楚，我就是來賺錢的，什麼同事應酬、邀約，都不要去就對了。兒子在家等我，我可以晚回家嗎？」

聽得出來這位大姐非常自律，學習力也相當驚人，更重要的是社會上打滾的適應力。爲了孩子，每個母親都會變身女超人。

社會的底層總有許多小人物的故事，相信這位大姐未來會更好的。

有些家庭遭逢意外、病痛，有的人因此自暴自棄，甚至聽了周圍朋友的冷言冷語，就眞的放棄了往上走的念頭。

不敢說「愛」能改變世間萬物，這種話從來就只是心靈雞湯文，看看就好。但這位大姐的故事，確實讓內心感受到一股暖流。

要走出喪夫之痛，很難。

要獨立養育孩子，很苦。

要從外地踏入雙北買房，人家說不可能。

要做各種苦差事、體力活，大家笑說做不到。

也許全世界的人都說你做不到，你還是要做到。因爲要爲了你愛的人跟愛你的人，勇敢走出一條路。這條道路沒人跟你說怎麼走。

這是運將大姐教給我的一堂課。

下車後道別，大寶牽著我的手說著：

「爸爸，剛剛那位阿姨比較厲害，還是你比較強？」

這問題閃過腦海一秒後，我回答大寶：

「我想應該是一樣的。」

不過，隔了幾秒，我決定跟大寶說眞話：

「那位阿姨應該還是比較強一點。」

「眞的嗎？爲什麼你改口了？」

「因爲爸爸不知道有沒有辦法扛住失去你們的傷痛，還能持續寫作、投資，勇敢的走下去。或許能，也或許不能。」

大寶沒有再說話。

我們到家了，這個偉大的單親媽媽故事我會永遠記在心中。

也希望正在面臨困境的年輕人、中年人們，都可以順利度過一切難關。

畢大想跟你分享的是——

買房一定要量力而為。

我們知道，買房從外圍到內圈，難度是較高的。不過，從內圈到外圍就比較簡單。

年輕時，如果有能力買房，空間小一些、屋齡舊一些，都無妨。如果工作區域本來就在外圍，也沒必要非得擠入台北市不可。其實就交通便利性來說，現在的新北市已經非常便利。

單親媽跟兒子兩個人，也許還要再經過十幾年的努力才能過上更舒服的生活。

但過往三十年的奮鬥，至少讓這位單親媽媽與兒子重新走回財富累積的跑道上，資本主義中一個至少不輸的起跑點。

3 以租代買是過渡時期，永遠別忘了抗通膨的重要性

每次去幼兒園接大寶下課，看到孩子開心的跑去公園跟其他同學玩，我們做家長的自然就是在一旁聊天，不熟的也會打聲招呼。

有位家長後來變滿熟的。大約在二〇二〇年疫情爆發之後，因美股重挫後的急彈，他開始想操作美股，還問了一些美股開戶的問題。

我笑笑說：

「其實網路上這些都寫爛了，有很多詳細的文章，你去爬文就知道。」但還是幫他找了幾個連結。畢竟現在網路上資訊真的很豐富，跟十幾年前我開始寫美股專欄時，差異已經很大。

在竹科上班的這位爸爸，外型保養得相當不錯，四十幾歲，但看起來很

年輕，也是生了兩個男孩。外型氣場跟我這種不會打扮穿著的就是不一樣。

美股開戶之後，他偶爾也會找我討論意見。他操作風格比較偏短線壓題材股。

我平常不太喜歡跟人聊股票，畢竟三言兩語講不完，又容易被人誤會股市好賺，萬一講不清楚，害對方虧錢怎麼辦。所以我總是沒回太多話，寧可聊聊小孩，聊聊工作順不順利，這比較像生活。

「我看新聞，竹北房子好像變得很貴，該不會就是你們這些工程師害的吧！哈！」

每天從台北開車去竹科的他，想必比我了解竹北。

「確實漲了很多，嚇死人，哪買得起。又不是每個工程師薪水都這麼高。台積電、聯發科，還有一些ＩＣ設計公司比較高而已。」

我接著說：

「不過台積電這波三奈米蓋在台南，台南那些地方未來就會慢慢熱鬧了，台積電眞厲害。」

他搖頭說：

「是啊，台積電讓台南很多地方房價大漲。原本純樸的地方，現在不就苦到了當地人。又不是每個人都是台積電工程師。」

理解他說的意思，但我試著講了不同的看法。

我轉頭看一下大寶有沒有做一些危險行爲，再繼續回話：

「其實你想想，以前吵南北發展不均，台積電如果不下台南，也許當地還是跟以前一樣。除了台南市區很繁榮，其他地方其實還有進步空間。台積電下去這些地方蓋廠，不就帶動了地方繁榮嗎？換個方式講好了，假如台積電改去宜蘭、桃園，或是高雄、屏東，那對台南人不見得比較好，甚至是虧大了。更何況，現在好幾個縣市都還在爭取台積電去設廠。」

這位竹科人也是在ＩＣ設計公司，帶了幾名員工，頭腦應該相當清楚。想要一個地方進步繁榮，卻又希望當地房價不變、甚至下跌，怎麼樣都說不通。

「就像你上班的竹科好了，這幾乎是台灣的命脈。幾年前，竹科那邊一坪二十到二十二萬，我就聽朋友抱怨過很貴，現在又更貴，聽說好像很多房子都逼近五字頭。」

這位家長瞪大眼睛說著：

「有的還不只哩，六字頭都有。」

「是啊！疫情爆發之後，美國大印鈔，全球各國大放水。台灣防疫有成，很多科技公司大賺，薪水、分紅那些有的沒的，自然就增加。房子變貴，不就成了結果，似乎也沒什麼好奇怪的。」

這位家長的老家在台北市區還留有一間房子，爲了要照顧長輩，所以選擇開車台北、竹科兩地跑，著實辛苦，算是夾心餅乾一族。不過慶幸的是，他有一份待遇不錯的工作，而且好像分紅也變多了，這是令人開心的。

二十幾歲時面對的困難，跟三十幾歲、四十幾歲時是大不相同的。

也才會有這麼多中年人到了四十五歲之後才開始有一些感嘆，覺得以前一些消費行爲，或者工作方式不正確。

但是時間一去不復返。父母親邁入老年，甚至慢性病纏身。而且現代人普遍晚婚、晚生，爸媽四十多歲，小孩才幼兒園或國小的十分常見，煩惱可多了……又如何做到自由與自在？

文中這位家長好在上一代還留有一間台北市區的舊公寓，要不然，以租代買這個過程，萬一收入的儲蓄速度沒有跟上房價漲幅，未來就堪憂了，而且這些年房租也不斷上漲。

這只是一個顯而易見的問題，那就是**鈔票不值錢了。抗通膨的利器，除了股市中的績優股之外，我想應該非房地產莫屬。**

我年輕時也曾經租屋，知道租屋的優缺點，但隨著年紀增加，光是搬家這件事，就足以讓原本生活就像夾心餅乾的我們更加疲累。

永遠要記得，在台灣，房地產的持有成本不高，抗通膨的優勢會繼續影響著你我的財富。

一個地區的繁榮，必然帶動當地房地產的上漲。

如果希望一個地區房價下跌，其實也很容易，讓當地蕭條即可，但這應該不會是我們想見的結果。

畢大想跟你分享的是——

買房或租房，是討論三十年也沒交集的問題。

因為年輕人如果頭期款不夠，自然要選擇先租屋。

但租屋是一個過渡時期。

我們租屋並不是為了讓手上有多餘的錢，拿去做提高生活品質的消費。

年輕人急著想要提高生活品質，往往只會讓中年時更加困窘。

多餘的錢必須拿來投資，或者盡早累積第一桶金，才有可能改善原本看人臉色的生活。

抗通膨這事，永遠都不能忘記。

4 原來在都市要達到小康是這麼不容易

從小到大，父母親沒有帶我們出國過，一次都沒有。旅遊這事情一直都跟我們家沾不上邊，不過，我們感情也沒有因此不好。

印象中，父親永遠都是嚷嚷著他要趕快睡覺，明天還要去賺錢，要不然大家都得喝西北風。

時代一直進步，整體台灣財富也是慢慢累積。家庭財富何嘗不是如此？電視上看到的那些政治世家，或者是打扮時髦光鮮的知名藝人，也是將他們畢生的財富往下傳承。而一般窮人家的孩子，如果硬要跟他們比，那就累了。

有些人會大肆抱怨社會不公不義，但憤怒的情緒只會讓生活越來越糟。

是，我認爲社會不公。

是，我覺得富二代眞的過很舒服。

所以怎麼辦？沒有怎麼辦。

這就只是情緒上的發洩，幫助不大。

在更往下的階層，有些家庭是三餐不繼。或許在富裕的台灣，現在這種情況已經比較少了，要吃飽飯並沒有這麼困難，但還是有很多家長總在月底煩惱下個月的小孩學費、保母費，或者是補習班、安親班費用。

更有許多人得背著年邁的父母，從老公寓四樓、五樓爬下樓就醫，小心翼翼攙扶著上計程車，過程中還要請司機幫忙撐傘，以免淋到雨。

這樣的生活每週上演一次，夾心餅乾的中年爸爸還得跟上司說明苦處。請假能被體諒是賺到，被長官或同事白眼是正常，這些哪有什麼公平不公平。

人只有不停的解決問題，才能勇敢的生活下去。

寫專欄這麼多年，從讀者的來訊或來信，本身也有很大的收穫，可以接觸到不同背景的人們，得到很多反饋。

不可否認，年輕網友常自嘲說：

「誰叫我沒有富爸爸、富媽媽，所以才沒辦法財務自由。」

這句話確實有幾分道理。只是，無法改變的事情也沒什麼好談的，我們唯一能改變的也只有自己而已。

如果誰都不想當吃苦、犧牲的那一代，那將永遠都看不到火苗，也燒不起熊熊大火。

常看到政府發布社會財富的統計資料，就會有讀者在新聞下方留言說：

「原來自己在貧窮線之下！」

其實是這樣的，窮困、中產、富裕階級，每個階層的範圍都很廣。

先從富裕階級來說明，大家就能明白。

資產有一億的人，大家可能覺得他此生不愁吃穿，非常羨慕，而且應該屬於富裕階級。

但事實上，他的資產可能大多都是公司設備，流動現金不多。公司偶爾賺，偶爾不太賺，遇到疫情還虧損。別忘了，做生意往往還欠銀行大把債務，稍有不慎就會翻船。

這樣算富裕嗎?應該有待商榷。

而且，一億的上面還有五億、十億，甚至更多。

再看看所謂的中產階級，維基百科這麼描述:

「中產階級是資產階級中的一個階層，擁有一定程度的經濟獨立，例如有穩定且較高薪酬的工作，在現代社會之中對社會的發展和穩定起很大的作用，也被稱作小康階級。此名詞常用於專業人士、資深藍領工作者等……就收入而言，美國的中產家庭年收入在四萬至二十萬美元，即可認爲屬於中產階級。」

即便是美國，年收入在四萬至二十萬美元都算中產，就知道這個範圍有多廣了。

我們當然不是經濟學專家，更不用熱心幫主計處做相關研究，只是想提醒讀者「中產階級的範圍很廣」。

由於全球大印鈔的關係，讓中產階級的範圍拉得更開。

也就是說，以前有一間房子能遮風避雨就不錯，不管你是住在首都還是外縣市，差別不會太大。

但因爲鈔票要找地方存放，錢到處跑的關係，導致各地的房價開始蠢動，股市也一樣漲不停。

這時候就會發現，都會區跟偏鄉的房價差異就拉開了。

我老家那邊現在還有一坪十萬以下的老公寓可以買，卻無人聞問。這種事情全台灣到處都是，但媒體不會討論太多，因爲大家關心的是「都會區」，想買的都是各縣市，尤其是六都直轄市的精華市區，那自然就演變爲今日的狀況。

七、八年級生，很自然會比五、六年級生呈現更大的財富鴻溝，其中很大一個因素就是「上一代是否留下資產」。

因爲房子、股票、保險等資產，樣樣水漲船高。而三十年來沒有積累一些資產的家庭，這時候就會更感到艱辛。

記得念國小時，要填寫家庭經濟狀況的問卷，我印象很深，母親總要我勾「小康」這個選項。年代有點久遠了，除了富有，好像還有普通、溫飽、貧窮，還是清寒之類的選項，我原本勾選貧窮，還被母親痛罵。當時我一直追問為什麼？什麼是小康？

就像現在我的孩子整天追問我各式各樣的問題一樣，小孩子總愛問「為什麼」？不過母親也說不出個所以然，我也眞以為我們家是小康。

到了台北這個都會圈之後，才發現「小康」是個不低的門檻。不是人人都小康，肯定不是。

因為不同城市物價不同，生活方式也不同，用老家那套衡量生活開支的方法過活，在台北應該吃不到什麼東西。

當時二十多歲，總算開始增廣見聞，一切的觀察力也由此而來。做股票需要極強的觀察力，生活也同樣如此。

如開頭所說，小時候沒有任何旅遊、豐富生活體驗的機會，那長大後再補強又何妨。靠自己一步步來，終究會吸引更多同好、更多朋友來切磋。

我每個月總會與不同的讀者群見到面，除了分享各種股市盤勢的資訊之外，大家認識時間久了，眞的像是朋友一般，參與彼此的人生話題，我也給了許多投資理財上的建議。

年輕讀者不要因爲貧富差距就放棄了比賽，奧運女子拳擊的銅牌得主黃筱雯，不正是一個好案例嗎？

她的家庭故事你們或許可以上網看看。她說了這麼一段動人的話：

「我改變不了原生家庭的環境，但我能改變我自己的命運，甚至，我想改變家人的命運！」

這段話是我想跟大家說的。

利用本業，加上妥善的投資理財，一定可以往上翻一個階級，運氣好就兩階。

畢大想跟你分享的是——

不要認為自己的起跑點輸了，一生也就這樣了，這是錯誤的觀念。很多時候，我們都低估了自己的潛力。

我們也許工作三、五年都存不到一百萬，可是當你努力久了，準備夠了，在一個恰當的時機，運氣來臨時，成功往上翻一階，你就會愛上這種拚搏的感覺。

因為這帶來了極佳的成就感，也能讓家人都過上好生活。

在都會區要達到小康，談何容易？

有房子只是最基本的第一步。切記，放眼望去都是房子，我們一定要想辦法站穩腳跟，先拿下一間。

持續打拚，即使成不了富裕階級也無妨，至少已經遠離了一開始的貧窮起點。

5 當數以萬計的人往都會區移動，資本主義的規則請務必弄懂

一個週日下午，好友的弟弟小金來找我商討有關買房自住的事。畢竟對很多人來說，這真的是毫無經驗又十分重要的一件事。

跟好友從小學認識到現在，也超過三十年了。這個弟弟也是從五歲一路看到大，就跟自己的弟弟一樣。當初他母親帶著我們一起出遊，那是小學的事，卻記憶猶新。

好友已經成家，跟妻子搬出去住，他週日也要忙工作，就請弟弟處理這些事。老家的朋友們紛紛到台北打拚，但有事呼叫一下，還是會立刻幫忙。

小金現在跟媽媽、外婆居住在汐止。父親前幾年因癌症走了。我都稱呼

他父親爲叔叔。打扮十分時髦的一個叔叔，很年輕就生下他們兄弟倆，但病魔無情，說走就走。從得知罹癌到離世，不到半年的時間吧。

母親也是慢性病纏身多年，爲了更好的醫療品質，搬到台北來，租屋也好多年了。現在房東要賣屋，人還算不錯，優先問他們是否要買。

但缺乏原生家庭的幫助，買房談何容易？

他母親曾經是國泰人壽的優秀保險員，大約在二、三十年前，也是年收破百萬。不過，買了老家地段偏遠的房子，當初只想著要清幽、安靜，怎知這麼多年來不但沒有增值，還跌價了。

人都不住在那邊了，房子常有各種問題，拖著拖著，屋況又更嚴重了，要賣也賣不到好價錢。二十幾坪的老公寓，四樓加上頂樓加蓋，這樣要賣一百萬，還被買方殺價，進度被卡住了好久。

新聞常報導要不吃不喝幾年才買得起台北市的房子，但那畢竟是台北市或新北鬧區。如果老家不是在這些地方，房價能夠勉強跟上物價漲幅已經算不錯。如果地點更偏一些，那是要虧大錢的。

舉例來說，二十五年前買了一間兩百萬的房子，如今可以賣兩百五十萬，看似有賺，但其實，把通膨因素計入，應該是小虧。但如果再把省下的房租算入，那又是小賺。

如果一直住著，那就是單純省下房租，然後手上有了一個選擇權，等看看將來是否有機會區域繁榮，資產就能增加。

小金問了許多汐止的合理行情，也問了老家的處理方式，另外銀行核貸成數估算，每月的還款跟薪水是否能卡得過去……等等。

我也盡力解說，但也跟他說不要勉強，假如屋主價格眞的很硬，追不上去也不用捨不得，房子終究要多看多比較。沒有什麼是最好的房子，因爲我們買不起，只能挑選「最適合自己」的房子。

每個人都想住在台北市大安區、信義區、中正區，事實上就是價高者得，沒什麼好多說的。

像是有年輕讀者問我：

「畢大，我眞的好想要買一張台積電，但我錢不夠，看好晶圓代工產業，只能買別家了嗎？」

我只能笑著回：

「你可以買零股，要不然就像你說的，去買聯電，基期低，也許還可能賺比較多，誰知道呢？」

小金也跟我說他們公司很多年輕同事現在都在看盤，看著股票跳動，每個人似乎自覺很厲害。

但他從小就看我在做股票，所以麻痺了，知道這是怎麼一回事。有些年輕同事在公司工作也不怎麼認眞，能混就混，反正股票沖一沖，幾百、幾千就入袋。當然偶爾輸個一、兩筆大的，大家午餐時間再罵一罵政府，差不多就那樣。

小金的錢沒辦法玩股票。這些年來，租金也付出約兩百萬，照顧慢性病的媽媽和八十幾歲的外婆，這個責任沒什麼好閃避的，都是家人。

哥哥跟大嫂也很拚，事業心很重，工作這幾年越來越好，收入逐漸上升。

外地人來台北打拚就是這樣，能不能成功我們不知道，但就是不計一切、的拚。

好的醫療資源在台北，好的教育資源在台北，好的工作機會在台北，我們不想來台北也要來台北。

當年熱賣國片《海角七號》的開場白：

「我操你媽的台北。」

爲什麼會引起這麼大的共鳴？

其實不是眞的痛恨台北，而是痛恨這個世界的遊戲規則，痛恨資本主義的殘酷。

你不往大都市去，數以萬計的人搶著去，年收兩百萬、三百萬、四百萬的工作就是這邊才有。

能怎麼辦？沒怎麼樣，罵一罵，然後繼續走下去。

請記住，房價跟薪資無關，因爲薪水的增幅無法追上房價的漲幅。

房價的高低跟整體社會的財富總和有關。

有錢人的錢是否大幅增加，才是房價上漲的根本。

一般的受薪階級本來就很難買到都會區的房子，創業家才比較可能達成。另外就是靠著上一代的累積，原本的房子賣掉之後，換取更多的銀彈，加上下一代的存款，才能買下一間都會區的老房子。

一般人總想著一步登天，例如有一天直接買在雙北鬧區，三房二廳二衛又帶車位的電梯社區，即便是舊的都好。問題是，這對一般人來說過於困難，甚至可以說是天方夜譚。

當你每年慢慢存錢的過程中，房價又上去了。

為什麼會這樣？因為大家都是用兩成或三成的自備款在買房子。

第一間房子是靠苦幹實幹存錢買的，但之後的房子是用換的。

不斷賣小換大，賣屋齡較舊的換屋齡較新的，最後才達到心目中三房二廳二衛帶車位這個物件。

想通這個道理，你會無限寬廣，想不通這個道理，就永遠卡死在資本主義的陷阱裡。

畢大想跟你分享的是——

買房不只是買自己喜歡的房，還要記得買「別人也喜歡的房」。

因為房子本來就不只是居住的功能而已，也是金融商品的一種。

銀行看到房地契是不是馬上就貸款給你？是，這就是一種資產。

不要再說什麼房子為什麼會漲成這樣，當整體社會財富往上走的時候，房價要不漲真的很難。

熱錢很豐沛，股市也熱絡，自然就形成了今天的局面。

薪水的增幅要贏房價的增幅很難，除非是創業者或高階的受薪上班族。

房子不只是用買的，也是換來的。

6 北漂族搏的是一個機會，而不是那幾千、幾萬塊的薪水

每隔一段時間，新聞媒體就會出現這樣的話題，也不算是什麼新議題，不過總會引起不少討論。記得前陣子的標題是〈月薪多少住台北才值得？網悲曝北漂低標：不然活得像鬼〉。

這種問題不管在台灣、日本、韓國、中國、美國，甚至其他國家，應該都是差不多的狀況。

都市化浪潮之下，城鄉差距擴大，就會造成人口移動。拚不下去的人離開，然後又有新的一代進到都市，無限循環。

記得在一場給三十五歲前年輕人舉辦的講座，我在茶水間外坐著休息，

一位女生這麼問：

「畢大，請問我要給自己多少時間在台北？」

她是哪裡人我忘了。

我跟她說：

「就是給一段時間，設定好停損點，青春歲月是我們的籌碼，不能無止盡的耗在這個大城市。」

也許有人給自己五年，有人給自己十年，但也有人不知不覺被城市的便利與繁華吸引住，然後就撐著二十年、三十年過去了……這會非常辛苦。

這則新聞有不少網友留言，有人說在台北至少要五萬，有人說六萬，也有人說沒十萬不要混了！

這真的是見仁見智的問題。

看到這問題，我們先定義清楚，什麼叫「在台北最低標」？

先撇除原生家庭就在台北市的，那個不談，光省下租金就差很多。

不過，原生家庭在新北的該怎麼算？新北很大，新北第一圈要進台北市也很便利。但第三圈要進台北市區又滿遠的。

好的，那就把範圍拉大一些——來台北租屋的外地人就算北漂。

分租雅房（沒有個人廁所）、個人套房（有個人廁所），是必經的路程。前者五千到七千，後者八千到一萬五千算常見。

現在二〇二二年，不知道這數字是否還繼續攀升。

如果遇到適合的人，結婚生子，那就不能繼續住個人套房了。小孩的東西包山包海，很可怕。

一層公寓隨便都是兩萬五起跳，除非是四、五樓的無電梯公寓，因爲樓層較高，房東比較願意便宜一點出租。

有家庭、有小孩，往往就會有車子，停車位呢？一個月三、四千能搞定。

最低標這問題眞的因人而異，三餐都吃非常不健康的食物，只求吃飽，不求均衡，一天兩百元怎麼不能搞定？

以前爲了省錢，什麼招式都用過，就爲了省下每一塊錢。

但如果「稍微」要求均衡飲食，那一天四百元都不爲過。

我們要談的是更深層的問題：

「在薪水差不多的情況下，爲什麼外地人還要往台北前進？」

身爲過來人，我可以分享一些看法。

假如一個台南人，工作薪水是三萬，來到台北市有三萬三，這個應該傻瓜都知道，名目薪水增加，但實質薪水反而下滑。因爲台北市的三萬三跟台南的三萬，好用程度是不同的。

也曾經遇過一對台中人夫妻，收入五萬，但跑來台北依舊是五萬。你會想問：

「那他們去台北幹嘛？傻了嗎？」

錯了，他們圖的是一個**「機會」**。

看三年、五年後，是否有機會年收一百五十萬，甚至兩百萬。

「機會」這兩個字，不代表未來你一定財富滿盈，也不代表你一定飛黃騰達，但就是一個「機會」。好像很抽象，卻又明擺在眼前。

跟買樂透不同，樂透你努力也沒用，就是痴痴的等開獎。這種機會不是你能掌握的。

但工作的機會、創業的機會、交友圈的擴展，這些東西都是你自己可以掌握的。

從各地跑來台北打拚的年輕人，眞的要拿著微薄的積蓄——二十萬或五十萬——去股市廝殺嗎？

如果是爲了這個，那回老家去，一樣可以利用網路做股票，根本不需要跑這趟在台北受折磨，被動輒一萬五、兩萬的房租壓死死，隨意聚個餐六百、八百，甚至上千，鈔票就這麼飛走了。

觀念、實務、執行力，三者缺一不可。

沒有觀念，靠自己摸索，很容易虛度光陰，一無所成。

沒有實務，空有觀念，只是空口說白話，不會有成果。

有了觀念跟實務技巧，卻沒有執行力，三天兩頭躲在自己的小套房追劇，去各大商圈逛街，那十年很快就過了，下一步又該怎麼辦？

兩手空空的人，請抱持著沒有後路的打算！

唯有發了狠面對自己的無能，才能清醒的面對這世界。

而且首都都會圈房價，一定不是受薪階級扛起來的。這跟你們聽到的資訊有很大的落差。

有人說，即便在中南部，上網就能找到各種有用的資訊，不管是臉書、Youtube，或者是各大財經名人、媒體等等。爲什麼機會就是在台北？

這個問題我以前也疑惑很久。

年輕時也曾經問自己：

「我爲什麼要到台北？」

後來，在打拚過程中，也慢慢懂了老一輩人所說的意思。

這點也必須感謝我父親，他要我出去多看看，不要一直躲在家中。

因爲你在客廳不會遇到形形色色的人，而且也容易怠惰，這是人之常情。在家工作其實需要很強大的自制力，要不然很容易失敗。

總之，「機會」跟「人」有很大的關聯。

我們有可能遇到幫你一把的貴人，也可能遇到合作夥伴，或者聽到其他領域的人分享經驗……等等。

假如到台北只是爲了一個月四萬、五萬的薪水，那別的縣市也一定有這樣的薪水收入，這沒有太大的意義。而且別忘了，台北物價昂貴。

因爲富人並不在乎多花一點錢買方便，只要能迅速提供方便、美味、好的服務，花再多錢都ＯＫ，那條消費的水平線就會往上拉高很多，而首都的富人一定是最多的。

只要存到第一桶金，務必先扛下一間捷運附近的套房，這是北漂族必備的技能之一。

除了省房租之外，也可以逼自己繼續存錢。

通常靠自己買下的第一間房會格外珍惜。

賺錢很不容易，你會開始精密計算每一分錢的去處。如果第一間房是家人贈送，相對來說就不會這麼精明的計算。

回頭看過去走過的路，還好從短暫幾年的租房族，跳到有房一族。小套房賺到的錢絕對不如股票，卻讓我學習了非常多。這是一生中很大的財富轉捩點。

機會來了要抓到，也要留住！

畢大想跟你分享的是——

我們到大都市求生，不只是為了那微薄的加薪，因為薪水永遠不可能跟上首都圈的房價。

如果是來台北賺錢，未來返鄉買房，這其實也有點過時。因為全台的房價在二〇二一年都覺醒了。

原本中南部房價跟雙北差異極大，不過經過這一年來的變化，其實已經沒有這麼誇張。

換句話說，來台北如果只為了多賺那兩萬、三萬，扣除房租跟餐費的開銷，或許真的有多存到幾千元或一萬元，但這根本杯水車薪，不可能因此就能回老家買房子。

再提醒一次，兩手空空的人，請抱持著沒有後路的打算！

7 房產會強迫儲蓄，還是會犧牲夢想？其實全在一念之間

前陣子，有位醫師問我問題。她住板橋，跟另一半都是在醫院服務的優秀醫師，不過困擾的是，三個孩子慢慢也大了，家中三房空間眞的不夠，怎麼辦？

他們看上板橋的精華地段新板特區，四房加車位，總價自然是高的，四、五千萬跑不掉，畢竟是新北的繁榮地區。

這問題我一聽就知道是剛認識我的專欄不久的讀者。

我笑著對她說：

「夫妻如果都是醫師這樣的專業人士，還不能買新板特區，那沒道理，我覺得應該是綽綽有餘。畢竟目前住的地方也是有增值，賣掉舊的，換大一

點的給一家人住，這怎麼聽都沒什麼大問題，算是每個人都會遇到的理財問題。」

她接著說：

「那每個月收入就通通要繳房貸，生活品質不就下滑許多？」

我納悶問：

「您先生不是也醫師嗎？即便您的收入通通拿去付房貸，應該也還是夠用。頂多就是奢侈品不買、海外旅遊少去，其實就這樣。」

她點點頭，笑著說：

「可是有時候眞的會很想買，女生難免會想打扮自己一下。」

買包、買錶、買鞋、買衣服、蒐集藝術品……等等，這些都很重要，只是每個人價值觀的問題。我沒立即否定她說的，只留下一個簡單的結論讓她思考：

「您是醫師，肯定是聰明人，懂我的意思。是要犧牲自己一點娛樂去換孩子的幸福，還是要成就自己買奢侈品的欲望，孩子的空間就先不管他。這是選擇，沒有對錯，都是你自己賺的錢，想怎麼做就做吧。核心問題就這樣而已。你們夫妻倆討論一下，應該就OK了。」

她懂了，畢竟哪個母親不疼孩子，即便有，也是極少數的案例。這位專業人士同時也是深愛孩子的母親，爲了孩子的教育，爲了孩子的成長，爲了孩子有他們自己的空間。

我跟她點點頭說再見，期待未來會更好。

聰明人不見得投資理財就做得好，這是十幾年來很深的感觸。

許多人自詡聰明，股票、期貨、選擇權、權證，卻虧得一場糊塗。

也有人看起來傻傻的，中華電信一存八年、十年過去，即便不如買到台積電或時下最夯的航運產業，現在身價也不少了。

更有人是買進大盤指數型ETF，例如SPY或VOO，定期定額投資，十幾年過去，身價更是水漲船高。

投資理財比的是氣長，比的是紀律。

醫師這行業雖然收入不比三十年前，但依舊是還不錯的。對大多數醫師來說，要忙的是節稅規畫（高所得族群）、要忙的是對孩子的付出與教導（因爲常常沒時間陪伴家庭），其實操作股票的必要性只排在第三或第四。

好友跟我說，這叫補償心態，很多高科技產業人也會這樣，買名車、蒐集名人球鞋等等的，都是因爲覺得自己平常工作太辛苦，好不容易放假，就是要灑錢，得用力的花上幾筆才行。

倒也沒不行，就像前文所說的，都是選擇。買了這些奢侈品，勢必要花更多的時間工作來滿足你的開銷。況且，三、四個孩子也有龐大的教育費用，可支配所得不見得比一對中階主管加一個小孩的家庭來得輕鬆。

例如夫妻都是中階主管，只有一個孩子，房子自然不用買太大，也不一定要買車，甚至用小黃跟 UBER 代步也行。

關於投資理財，大家都想要追尋一個答案或公式。只不過，即便公式在那邊，也未必能做得到。

未來績優股是稀缺的，股價也難以回到從前。
未來好地段是稀缺的，地價也難以回到從前。
未來雞腿飯是漲價的，物價也難以回到從前。

謝謝每位醫師對社會的奉獻，該提醒的事還是一樣有話直說，不會客套。

核心觀念就是——

少買點奢侈品，並不會影響生活品質。

過去老一輩人家說的，買房是存錢，不一定會大富大貴（這兩年看起來會），但至少錢就是留住，不會到處亂花。

當然，年輕一輩的人有另一種說法，就是買了房可能就連夢想都失去了，因爲要綁三十年的房貸在這間房子上面。

這眞是遠古時期的想法，讀者千萬要小心不要掉入這種陷阱之中。

因爲**大多數人買的第一間房都不會是「此生最後一間房」**。

常見的就是新婚夫妻買了一間小套房或小兩房，或者是年輕人尚未結婚就先買下了一間小套房，之後再換四十年的老公寓。

總之，怎麼會有「買房就要卡你三十年」這麼可怕的觀念？

買房我一般會勸讀者不要用投機的心態去做，就像股票一樣，雖然眞的有人靠著短期買賣賺了大錢，但這不適合我們一般人。

買房一定要放至少五年以上，有了這樣的認知，基本上要虧錢就不容易了。因爲通膨的關係，即便買在短期的高點，五年的時間過去，大多還是打平或小賺出場。

這期間省下的房租，就能在無形中累積成一桶金。

原本的頭期款是一筆，省下的房租又是一筆，如果地段不錯，小賺到一筆，這些資金就能成爲換房的頭期款。

強迫儲蓄的由來就是這樣。至於夢想到底會不會被犧牲？

這眞的是見人見智，不少人拿著夢想唬弄著他人，有時不小心連自己都忽悠了。

畢大想跟你分享的是——

有孩子的讀者應該就知道為人父母的心情，我們一路走得這麼艱辛，總是希望未來孩子不要再這麼辛苦。

每個人都幻想著，要是爸媽或爺奶有房，自己就可以輕鬆多了。那麼，現在自己不強迫儲蓄，掙一間自住的房，未來孩子是不是也要重複說著一樣的話？

現代人在物質的花費上確實比以前的人多太多。

一部分原因是廣告手法進步了，再者就是壓力極大的工作過程，會想藉由花錢來放鬆。

試著用不花錢的方式放鬆，精神層面也會比較健康。

夢想永遠都在前方，想追的人不會因為買了房就放棄追尋。

除非你的夢想是娛樂，那另當別論，兩者真的衝突。

8 年輕時刻苦買房，年老時才能安心退休

有個案例是一對準備進入退休生活的老夫妻，先生六十五歲，太太六十三歲，兩個孩子都已經長大。大女兒三十五歲，在大公司擔任會計人員，工作算穩定。兒子則快三十歲，還在奮鬥自己的事業。

他們一直住在台北市，從年輕到現在就是沒日沒夜的工作，跟傳統的台灣家庭觀並沒什麼兩樣，好處就是搭著經濟起飛的年代，當初買自住房的時候，大約是五百萬，老公寓三樓。

買的時候就已經是有些屋齡的房子，不是新屋，想說可以住著，如此而已。隔了二十多年，現在市值大約一千三百萬到一千四百萬。

孩子讀大學的時候，先生的母親住安養院，十年共計花了四百萬，跟兄弟一起承擔。勉強撐了過去，直到先生的母親離世，生活才好過一些。

不過，主要存款還是等兩個孩子大學畢業才存的。這也是大多數中產階級的寫照，跟年輕人的想法有很大落差。

年輕人都想著在三十五歲或四十歲財務自由，但其實，許多父母都是等孩子完成學業之後，才有辦法存錢，做比較大額的投資，這是大多數人的寫照。

在把孩子拉拔長大的同時，別忘了還有上一代的撫養問題，夾心餅乾用來形容這一段過程是最貼切的。

保險費、定期定額買點基金、養一部車的管理費、停車費等等，基本上日復一日，就是等孩子長大。然後……也沒什麼然後，生活就是平凡中找樂趣。

一轉眼五十多歲，如果有硬逼自己存錢的話，這時才可能做比較大的投資項目，例如：買第二間房、買比較多的股票等等。

前幾年，這對老夫妻在新竹買房，再過不久完工後，要過去養老。但是問題來了，裝潢、家具等等，弄好後，存款也見底，往後還有房貸怎麼辦？

雖然只貸了五成，房貸壓力並不算大。但勞保年金，夫妻大約都是領一萬六還一萬七，這樣每月才三萬兩千元，夠用嗎？

於是來詢問現在怎麼辦。

他們目前想到兩個方法：

一、把台北市房子賣掉變現，然後買定存股。手上多了這麼多錢，一半放銀行，一半拿去買定存股。想說買一堆銀行股，應該很穩吧！收收股息就好了。

二、把台北市房子賣掉變現，在新竹另外買一間小坪數收租，估計每月可以收租一萬多到兩萬。不打算貸款，反正小坪數也不好貸。

退休真的是門課題，不能開玩笑的。

先聊聊配息殖利率的問題。

關於股票配息，請牢牢記住這句話——

公司沒有一定要配發股息。

雖然坊間滿滿的雜誌、書籍、影音頻道都在跟你說定存股，或者說只要買五%殖利率的股票，投資一千萬，每年就可以賺五十萬，安穩退休沒問題。

這是不對的，是非常危險的退休理財方式。

爲什麼說公司沒有一定要配發股息？

一、公司去年賺錢，今年才會配息，那要是今年獲利衰退，明年怎麼配？難道你退休兩、三年就上天堂嗎？很明顯不是，要有至少再活十年的打算，這年代七十五歲走已經算少見。預期公司十年都會穩定賺錢，才能考慮購買。

二、公司可以動財務手腳。即便公司不怎麼賺錢，可以挖東牆補西牆，將轉投資執行變現、跟銀行貸款來發放股息、暫停或減少資本支出，隔年再增加等等。

三、即便賺到股息，虧掉價差，你的退休生活也不會快樂。

遇到非常多讀者都講過一樣的話：

「我買股票很簡單，不要理會就好。反正是要賺股息，不看股價，心情就安定了。」

但試問，當你六十八歲，看著手上兩百張兆豐金，連續下跌三天就好，都只有跌〇．三，這應該不算什麼大跌，這樣一張虧〇．九，也就是九百元，兩百張就是十八萬。

確定你心情不會起伏嗎？說實在，很難。

基於以上因素，第一個選擇暫時不能做，又或者說「根本不要做」。

至於第二個選擇，也要考慮一個大問題，你買新竹的房子，畢竟也要看地段，不能當作台北市那樣，幾乎隨意都能出租。假如一組房客離開，找到下一組房客之前，空了兩、三個月空租，那樣投報率會很低。

更何況，台北市現在公寓的租金介於兩萬五千到兩萬八千不等，直接收租即可，不需要爲了放一筆現金在身上，賺取安全感，就賣房變現。

「那畢大，我眞的覺得身上沒現金沒安全感，怎麼辦？」

老夫妻這麼問。

在兒女都沒有給任何孝親費的前提下，如果每個月勞保年金夫妻合計三萬兩千，加上台北收租兩萬五千，減掉月開銷四萬五千，這樣還餘一萬兩千。

如果帳戶空空總是害怕，你可以暫時把房屋質押，也就是價值一千兩百萬的房子，可以輕易的跟銀行貸款一百萬放身上備用。

貸款流程也比賣屋簡單輕鬆，一週內就能拿到錢。由於已經六十幾歲了，還款年限不可能太長，不過十年應該是沒問題的，利率大約落在一．六%到二%。

借款一百萬，甚至兩百萬也無妨，反正一年也沒多少利息。用一點點利息去換那份安心感，也沒什麼不對。

十年之後，如果還是需要用錢，再來考慮賣房即可。或者一生平安無事，等上天堂之後，房子留給兒女，相信也是父母對子女的一份愛。

上述案例提供給讀者思考，每個人工作收入、原生家庭的家人是否健康、財務是否健全，這些都大不相同，

所以沒什麼標準答案，端看你要的是什麼而已。

畢大想跟你分享的是——

房子可以活用，並非買了就是死資產。

年老的時候，如果房貸都已經還清，那當然可以再貸一點錢放在身上。

沒必要握著大筆現金在手上，除了擔心年長者容易被詐騙之外，也失去了一個可以生財的資產。

房子跟股票有些類似的地方，就是同樣可以產生現金流。

收租永遠都要有人承租才成立，但只要你的房子位在都會區，就沒什麼好擔心的。

CHAPTER 5

股市求生三法則

停損、資金控管、資產配置

1 股市不只是賺錢的地方，也是賭徒的吃角子老虎機

有陣子大寶迷上《西遊記》，除了去圖書館借書唸給他聽之外，也會播放卡通給他看。

他自詡爲孫悟空，媽媽是唐三藏，爸爸是豬八戒，弟弟是沙悟淨，大概是這樣的角色安排。我也就默默接下了這個角色，跟他一起玩。

有一天，在幫他洗澡的時候，大寶睜大眼睛問我：

「爸爸，這世界上眞的有妖怪嗎？」

我一邊幫他洗頭髮，一邊想著要怎麼回答這問題。

我認眞回答他：

「其實《西遊記》也好，希臘神話故事也罷，這些神話故事大多是我們人類編撰出來的。我也沒看過這些妖怪，很難給你一個肯定的答案。」

大寶玩著洗澡的瓢子，一邊舀著水，一邊跟我說：

「那爲什麼那些妖怪的臉都長得很可怕，跟我們人類不一樣？」

關於這題，我就有答案了。

我一邊催促他準備起身穿衣服，不要一個人待在浴室，萬一金角、銀角躲在浴室某處，我就不知道該怎麼辦了。

果然，大寶馬上就出來擦乾身體、穿上衣服，沒有絲毫拖延。

「爸爸跟你說，其實妖怪並不一定都長得很可怕。很多妖怪是附身在人類身上，也許長得很好看的，其實是妖怪，也許長得不怎麼好看的，他並不是妖怪。一個人如果做很多壞事，像是把人殺死，或者是把路邊的車砸壞，那你覺得他是人還是妖怪？」

大寶用很肯定的表情說：

「是妖怪。」

接著他問我：

「那這些人一出生就是妖怪嗎？」

我說：

「其實，人出生的時候，通常個性都是好的，但也有些稍微比較壞。他媽媽能不能教好他也很難說，也許已經很盡力教了，但就是沒辦法。也可能是上學之後才學壞，或者出社會之後才變成壞人。例如，有同學呼喚：走，我們去偷東西。他眞的跟著去了，那自然就變成壞人。那你覺得他是人還是妖怪？」

「我覺得是妖怪。」

大寶這麼回答。

「可是，我如果不聽他的話，可能會被吃掉，或者被打，那怎麼辦？」

大寶繼續疑惑著問。

「那你要趕緊跟爸媽說，跟老師說、跟警察說。最重要的就是跟爸媽講，因爲爸爸是孫悟空，可以帶你去找警察幫忙。」

「爸爸，有一種人很喜歡裝可愛，可是他明明就不可愛，還會趁機欺負人，大家也都不喜歡他，這算什麼呢？」

大寶很認眞想出這個問題。我猜應該是指幼兒園的女生吧！

「其實這題，你應該是說學校的女生吧！別理會這樣的人就好，你不能管人家的個性，做好自己就好。」

其實，我原本還想講股市的事情給他聽，後來覺得大寶還太小，以後有機會再說就好。

我沒跟大寶說的，現在寫給你們看應該滿恰當的。

畢竟許多讀者都有投資經驗，即便沒投資過美股，至少也做過台股。

是這樣的，幾乎每幾個月都有大賠的讀者來問我問題，像是：怎麼辦？某某股票是我全部心血，但是現在跌翻了……等等。

股市中，妖怪又怎麼會少？

尤其台股很多中小型股，那更是妖魔鬼怪多，非常恐怖。

如果你覺得這形容很好笑，那你一定沒被惡搞過，要不然肯定笑不出來。

因爲每一、兩個月就有人大虧，來訊跟我說：現在股市不是大多頭嗎？

道瓊都三萬五千點，台股加權都一萬七千點了，怎麼可能大賠？

這讀者就誤會大了。台股加權指數有非常高的權重集中在台積電上，也就是說，如果你買的不是台積電，或者大盤指數型ETF（例如：0050），那麼，看著加權指數做股票，很可能跟你的持股關聯性不大。

尤其是中小型股，可以狂飆，完全不甩大盤。同樣也可以跌到爆，完全不管大盤。

之前有位三十出頭的年輕人，月收入六萬左右，他把工作數年的積蓄全壓在一檔股票上，結果賠慘，幾乎化為烏有，僅拿回本金的不到兩成。

也有二十幾歲的年輕人，單一股票虧掉百萬。

當然也有年紀大一些的，像是四十幾歲或五十幾歲的讀者，聽信了網路上各種投資神人，總之就是覺得很神，將大把積蓄都投進去，結果慘賠數百萬，甚至千萬。

看過這麼多案例，他們共同的特性都是「重押單一公司」，再來就是「寄望一次放到發財」。

看到這樣的來訊，我往往會追問幾句：

「過去專欄不是都提醒過了，不要亂聽人家報牌，不要把資金通通梭哈單一股票，這樣太危險了。」

這些已經遭受重創的投資人才沮喪的說：

「畢大，我以前沒當一回事，只覺得這也沒什麼。現在回頭看您的歷史貼文，才覺得每一句話都很有道理，實在悔恨萬分。已經輸了這麼多錢，眞的不知道該怎麼辦？」

對於這些投資人，我也只能盡量安慰，希望他們走出陰霾。

不要把人生都賭在股市上，因爲你還有很長一段路要走。

如果是二十、三十幾歲的年輕人，這階段虧的錢往往比較有限，幾十萬到幾百萬居多，只要不借貸玩股票，都還有救。

但如果是四十五歲之後的中年階段，積蓄較豐厚，加上工作久了，倦怠了，希望「幹票大的」，往往也就成了妖怪眼中的唐僧肉。

讀者要牢牢記得，四十五歲之後已經沒有跌大跤的本錢。距離六十歲退休只剩下十五年，況且還有家庭，通常底下有一、兩個孩子要養，上面的老父母也七、八十歲，隨時有一堆狀況，你眞的不能輸大錢。

就算這輩子都沒有發大財，讓自己在六十歲後有個快快樂樂的退休生活，也是一種幸福。

過著還算小康的生活有什麼不好？

爲什麼一定要環遊世界？

爲什麼一定要買進口跑車？

爲什麼一定要換全新的大房子？

股市裡面，妖怪多得很，遇過就知道是怎麼一回事。

很多讀者來訊、來信，都是掏心掏肺跟我說著不同的財務狀況。把這些眞實案例寫出來，只希望引以爲鑑，也請記得——

股市不只是賺錢的地方，同時也是賭徒的吃角子老虎機。

畢大想跟你分享的是——

大多數媒體談的都是利潤，股市名人聊的還是利潤，因為風險沒人愛聽。

問題是，在你進場之後才會發現，股市多空本是循環。

但每一次的大多頭總會讓人飄飄然。

如果能順利賺到足夠的財富，安然退場，那倒是無妨。

很多人卻像玩著賭博機台般，永無止盡的下注。

股市中，妖怪很多，可別成了他們眼裡的唐僧肉。

2 配息不是萬靈丹，因爲可以左手換右手玩花樣

「每年都有高配息的基金或股票是不是比較好？」

「月配息基金是不是比較好？」

「跟你說，我還找到週配息的基金，這樣是不是很賺？」

以上都是讀者心中常有的疑問，或是和同事、親友討論過的話題。

尤其在二〇二一年，台股連續好幾天爆出天量，單日達六、七千億，當時隨意去餐廳用餐，就有非常高的機率可以聽到大家在討論股票或哪一檔基金配息的話題。

投資人因爲配息去買股票，這不能說不對，但**穩定度**還是相當重要。

已經連續配發十年，而且股息相當穩定，還是曾經配發三年，股息不怎麼穩定，這兩檔標的就有很大的區別。

對於台灣投資人來說，喜歡配息，源自於一份安心感。加上坊間大量的財經媒體傳達出一種訊息，彷彿配息是提早退休必備良藥，這就讓很多公司與主力有了操控的空間。

曾經有位年紀稍長的讀者，說他前陣子看了財經台的投顧老師分析，說今年面板獲利很好，配息也會大增，於是就投入資金買進三十五元的友達。投顧老師說明年可望配息三．五元，三．五除以三十五等於一〇%，代表這筆投資能賺一〇%的利率，實在好心動，便投入買進。

但事情總跟人想的不一樣，台灣在二〇二一年五月開始，新冠肺炎疫情加劇，很多股票跌了下來。現在看加權指數當然是爬回高峰，也創下新高，來到一萬八千六百點左右，但這檔股票股價只剩下二十二元，沒辦法解套。

有些經驗老到的投資人會說：

「拜託，面板就不能看配息，要買那種生活概念股，每年都會配發的才穩。」

是的，但大多數新手根本無法分辨其中的端倪。

對於配息，許多投資人有莫名執著，也許是因爲這幾年被動收入一詞席捲了各大書店與網路。

拉高被動收入自然是正確的方向，但是，**拉高「主動收入」和「資本利得」也同樣重要。**

況且，被動收入也不只是單講股息一個項目而已。

假如配息眞的是萬靈丹，那基金公司推出週配息基金，應該就是大家提早退休的好選擇才是。說不定哪天還會推出日配息基金。

曾看到不少網路財經文章的標題主打著：

「某某投資法，只要這麼做，每月都有五萬的股息收入。」

或者是：

「靠被動收入，四十歲（或四十五歲）就能輕鬆退休。」

試想，如果每月躺著就能領五萬，一年六十萬，用殖利率六%計算，放在股市的本金就要有一千萬。

除非你能找到殖利率更高的標的，例如一〇%，那本金就「只要」六百萬就好。

但對我們升斗小民來說，赤手空拳靠自己打拚，又有幾個人可以在四十歲之前存到一千萬或六百萬？

就我看到的例子，在台灣，通常要到六十歲，甚至六十五歲，夫妻合計才會有一千萬的閒錢。

做生意的老闆也許比較容易達到，但也別忽略了他們所承擔的風險，因爲已經跑路或自殺的，並不會跟你說他是老闆。

每月五萬的被動收入，這眞的是件容易的事情嗎？

一般人聽到月收入十萬，年收入一百二十萬，感覺就是「很難」。

但是認眞思考一下：

一、在四十五歲之前，達到每月五萬的被動收入。

二、把職場上的主動收入拉高爲年收一百二十萬。

到底哪一個比較難？

問了不少過來人的經驗，幾乎大多數都認爲年收一百二十萬是比較容易達成的。

只有家中環境不錯的朋友，因爲長輩直接給予贊助，才會覺得每月五萬的被動收入很簡單。

例如：家中留了三間房子收租，所以本身工作月收四萬，但是收租可達八萬，於是說出「被動收入比較簡單」。

又或者是家中提供資金，讓他買了不少金融股或中華電，每年都有五、六十萬的股息，所以覺得工作賺錢好累，領股息眞輕鬆！

我認同被動收入的觀念，卻也贊成巴菲特的堅持。

波克夏（代號：BRK－A或B）從不配息，也無損其價值。過去投資波克夏的投資人得到了無窮盡的財富。

左手換右手的配息法，看看就算了。況且，要填息回去才有用。

尤其是台股這類淺碟型市場，很多中小型股都會挖東牆補西牆，跟銀行借款來配發股息。或者是大幅減少資本支出，或者是降低研發費用，接著就是大舉配發股息，用這些行爲來當炒股題材。

長期投資的買家如果忽略了這些細節，自然要被套牢，無法翻身。

別忘了，股價五十元，配息三元，股價隔天開盤的參考價是四十七元，未來如果沒有漲回五十元，這樣並沒有賺。

畢大想跟你分享的是——

年紀越長的人，自然會想要仰賴配息來取得現金流，讓自己生活無虞。

但配息的來源很重要，有些公司配息很不穩定。

又或者年輕人只想著配息，反而失去了投資成長股的好時機。

因為年輕的時候是比較可以冒險的，如果能讓資金花十年成長數倍，會比領股息好上許多。

3 股票套牢放著就好？資產規模不同，操作方式也不同

跟一位剛開始做台股沒多久的好友聊天，他二〇二一年初才開始接觸股市，當然也是跟整體股市的熱潮有關。

他問了一個問題：

「看股市這樣漲漲跌跌，如果被套牢，放著不就好了嗎？反正就跟房子一樣，十幾二十年後都會漲起來，那爲什麼大家還要忍痛賣出股票？」

我笑著回答：

「這是個很經典的問題！滿好的，我解釋給你聽。」

通常會這麼想的初學者，大致上忽略了兩件事：

一、有不少人是借錢買股票，可能是融資，也可能跟銀行信貸，也可能是跟親友、同事借錢。如果是借錢的話，就沒辦法一直放著不管了。

二、買進的股票不一定會上漲，加權指數上漲了，但手上的股票卻可能是跌的或平平，放了十年或更久時間，還是不動。這樣的股票很多，買的時候就應該知道，加權指數跟你沒什麼關係。

除非是大型權值股才會跟大盤指數息息相關，像是台積電、聯發科，或者是美股的蘋果（代號：AAPL）、微軟（代號：MSFT）、亞馬遜（代號：AMZN）等等。

另外房子的話，雖然已經是安全屬性很高的商品，但買錯地點，還是有可能虧損收場。只是放了二十年，虧損機率確實不大就是了。名目的金額打平，實質購買力損失，最差也就這樣。

例如當年買兩百萬的房子，住了二十年，還是賣兩百萬，看似打平，其實沒有跟著大環境上漲，那實質上是虧的。

好友接著說：

「這樣我懂了，感謝。我看這疫情好像一發不可收拾，股市應該會跌下去，這樣說對嗎？」

這題比較難，沒這麼好解釋。我想了一下後，這樣回答：

「股市是個很複雜的組成，包括公司的業績、當時的市場氣氛、未來的預期、資金的供需等等。疫情擴大是大家知道的，但這也只是一個變數。就以過去這一年來的慣例，英國四次封城，但每一次股市都是上漲的。一方面，大家越來越有經驗面對這事，不像一開始那樣慌亂。再來就是美國眞的印了很多錢，並沒有因爲疫情緩和而有所改變，市場的資金還是很豐沛。」

好友聽完大概懂了，對於股市也有更進一步的認識。

我跟他說：

「卡早睡，卡有眠，別再想這些了，手上有資金的話，妥善規畫，自然就能拿到合理的報酬。」

台股的難以捉摸是出了名的，必須清楚了解，才能投入資金。

要檢視自己的操作是不是有問題，最簡單的方法，就是分別用一個月、三個月、六個月、一年這四個時間季度來檢視有沒有獲利、有沒有打敗同時間的大盤指數。

假如都有的話，那就沒什麼問題。

假如前兩個時間週期都是輸給大盤，後兩者都是贏，那也許可以考慮不要做這麼短，把交易週期拉長一點，績效自然就會出來，只是生活比較不刺激就是了。

別以爲這是玩笑話，其實很多人進股市眞的只是爲了賺刺激。

有些人是不自知的，但也有很多年長者平常沒事做，進去玩個幾把，當作小賭怡情，動動頭腦，這也是常見的說法。

不過，這是不是一項好的娛樂，我持保留態度。

畢竟有這麼多休閒娛樂，不見得要拿這麼多鈔票出來賭才是。

況且，一開始覺得玩一百萬就好，很容易不小心就變成數百萬，這也是常有的事情。

至於用技術分析做股票，確實有一定的勝算，但最終還是會敗在「指標鈍化」這件事上。

舉個例子：某個技術分析告訴我們如果跌到XX，就是股價低估，不可能再低了，於是我們買入。哪知道，之後繼續跌，跌個不停。指標還是說股價低估。

問題是，我們帳面已經虧損二○%，甚至三○%，要怎麼辦？

原因就是出在技術指標會鈍化。如果沒有搭配停損措施，問題就大條了。

每次股災來臨的時候，很多贏家都是一次翻船，原因也在於此。

跌跌不休的氣氛之下，有時候股價的確已經來到了買點。但問題是，這個買點後面還有絕佳買點、最低買點、最後上車點。

請問，當投資人已經失業了，或者手邊沒有資金可買了，又該怎麼辦？

現在大多頭時期，已經很少人談論二○○○年或二○○八年的股災。就連最近一次的二○二○年三月，因爲新冠疫情讓許多人掃出場的股災，也沒人關心了。因爲後續拉上來的時間太快，又創造了更多的富人，大家自然就淡忘掉那些虧損的人。

然而事實上，賠掉數百數千萬的人大有人在，只是大家默默不語罷了。

另一種情況是：

「假如看到股價跌到季線下，我們賣掉之後，股價又漲上去，這樣是不是未來看到跌破季線，我們反而應該買入，或者是有什麼公式可以套用？」

不知道讀者們有沒有發現一個問題，幾乎每種方法都有可能在某一時期失效，每一檔股票也都有不同的風格做價格的跳動與演進。

早期，股價如果從八十漲到九十六或九十九的時候，我們會認爲一百是明顯的整數關卡，照理來說，應該要有壓力才是。

以前也許是如此，現在卻常常看到整數反而很快上攻，漲到一百零一、一百零二，之後才跌回九十八、九十九，甚至是直接上去不回頭了。

這一切都跟**「股性」**有很大的關係。

每檔股票背後除了董監事，有時候會有一些市場主力參與進來。越小的公司，著墨的空間也越大。

既然股價是由「人」操作，自然就會有不同的個性。

以美股來說，高盛（代號：GS）跟美銀（代號：BAC）的跳動方式肯定大不相同。前者股價三百八十二．七八，後者股價四十二．三二，光從價格就可以清楚看出差別，會進去玩的人一定也不一樣。

用台股來說明的話，就像是會去玩中華電的人，跟去追航運股的那些航海王們，肯定也是不一樣的。

會買中華電穩穩放著的人，不外乎是想賺取每年穩定的配息，股價最好也不要太多的波動，久久小漲一點那很好，不漲也不所謂。

但是想當航海王的，一定是想要乘風破浪，長榮、萬海、陽明最好都漲到兩百元。說什麼長期投資？有時候放個三、五天就很長了！

台股中，許多電視或廣播中的名嘴、名人，他們所說的未來幾個月營收、EPS（每股盈餘）資料未必是假，只是，看到股價可以上漲一大段，這時候買還是不買？

台股由於是淺碟型市場，加上人性、法規的問題，好好經營公司，未必賺得比操作股票來得快，導致一般散戶只能在大多頭來臨時，賺一波比較明顯的行情。然而，一旦陷入盤整或回跌，很容易輸掉手上的籌碼，進而虧損連連。

當然，還是有守規矩的公司，這是一定的。

只是，操作股票時，千萬別以爲看到營收很好，股價就一定上漲，一切都是玩預期心理罷了。

也因此，長期投資比短線交易容易賺錢，搭配股息的幫助，勝算自然比短線要高上許多。

因爲主力進去玩一檔股票，賺完一波之後，也會再去找下一檔比較好賺、好弄的，並不會一直在同一檔。這時，你們想到了嗎？

是的，會有股性轉換的問題。

所以才會發生有段時間好像很難做。

因爲我們做交易會觀察到一些慣性，已經用這樣的慣性去操作、獲利好一段時間了，但是股性突然變了，就得花點時間重新調整。這時我們就覺得很難做。

總之，盡可能花點耐心觀察股票，別跟著報紙、電視的投顧老師跑來跑去，要不然，賺不到錢，反而被人家收割了。

「資金只有十五萬、二十萬，到底該怎麼投資才好？」

「根本沒什麼錢，是不是乾脆去賭一把？」

有讀者朋友說，如果真的這麼沒錢，那乾脆去買比特幣！

其實加密貨幣也是時下最大的賭場，比特幣只是其中一種而已。

說要單壓比特幣或中小型飆股的這位朋友，他說的也不盡然是錯的。如果已經幾乎一無所有，把希望寄託在某項投機商品上，這符合人性，而且的確有機會大賺一筆。

這一、兩年下來，也真的有不少人靠投機賺到錢。

但我補充一個重點，這樣的操作，還是要**見好就收，不應該視為直接翻身的管道。**

當作是累積第一桶金或第二桶金的管道，這樣會比較好。

如果運氣不錯，二十萬真的翻成一百萬或兩百萬，這時候就應該回歸常態性操作。要不然賭久了，還是要通通吐光。

畢大想跟你分享的是——

技術分析、財報分析，都只是輔助工具而已。

假如本業的現金流不穩定，或者一開始的資金規模實在太小，其實能做的真的有限。

套牢放著不管，這僅止於買入大盤指數型ETF。因為台股加權指數或S&P指數不會垮，除非地球毀滅，或者台灣毀滅。

但個股的話，還是有營運的風險或人為操守的問題。

技術分析最怕的是鈍化。

當你過度迷信一種做法，忘了資金控管與資產配置，那無疑是把自己推入險地。

4 最常見的三種股票賠錢模式

最近有越來越多人有著ＦＯＭＯ（Fear of Missing Out）症狀，也就是「錯失恐懼症」，指一個人因爲患得患失而產生持續性的焦慮。

患上錯失恐懼症的人，總認爲別人在自己沒看到的時候，經歷了什麼非常有意義的事情。它也被定義爲對後悔的恐懼，使人不自禁陷入對於錯失結交社會關係、獲取新奇經歷、投資機遇或其他好事的憂慮之中。

適當的後悔不是壞事，有助於我們學習，當下次機會再出現時，可以更有執行力的完成任務，彌補過去曾經失去的機會。

當然，也可能永遠彌補不了。這是人生的代價之一，也是我們常聽到的——「人生就這麼一次，沒有後悔藥」。

錯失恐懼症會頻繁出現，也跟這一輪美國大印鈔有很大關係。

從二〇二〇年新冠肺炎疫情爆發到現在，印了一兆又一兆的美元，爲的就是刺激景氣，讓大規模的失業狀況趕快改進。目前經濟看起來確實比當時好很多，美國也幾乎達到充分就業，但後遺症也正在發生。

美股從二〇二〇年三月低點的一八二一三點，到二〇二一年封關日的三六三三八點，上漲一八一二五點。

台股也同樣驚人，從八五二三點，到二〇二一年封關日的一八二一八點，上漲九六九五點。

這種時候，錯失恐懼症的毛病就犯了，出現了大批航海王、鋼鐵人，之前則是全民台積電，後來又轉到了金融股可以當定存，大家一起開買，深怕錯過下一檔飆股。

鄰居一個也是在帶小孩的六十多歲阿姨，二十天賺了八十幾萬。

她是這麼跟我說的：

「對！就是陽明，我還賣太早了，要不然現在賺好幾百萬。」

聽父親說，老家一位鄰居，中鋼放了好多年，這次終於被等到，一舉回收百萬。我問：

「這是連本金還是單純獲利？」

父親激動的說：

「當然是獲利！」

隔著電話都能感受到那股激動，以及想要跟進的衝動。

許多投資人搞到最後緊張兮兮，很容易就做出錯誤的判斷，這就是錯失恐懼症。

常有讀者問：

「畢大，這些股票的確一直漲不停，不是嗎？」

這題最大的關鍵，倒不是股市未來會不會跌，而是要了解到，**多頭中段仍然有起伏，以及個人的財務變數要控制**。要不然，你照樣虧損。

即便我們相信二十年後指數確實會比現在高，但你確定漲的是你手上的股票？

很明顯，這並不一定，要不然，就不會到現在台股火熱，還是有許多股票癱在地上不漲。

大盤不斷創新高的時候，往往人們都覺得自己很會做股票。

有趣的是，當大盤指數才回跌一〇%，就有一堆投資人呼天搶地。

前幾天開心不已的投資人，轉眼就是套牢，帳面損失甚至是一五%起跳。那錯失恐懼症的代價就很大了。

請記住，投資前務必深思熟慮，去問經驗老到的朋友、親人，或者自己多做功課。

金錢代表我們的青春、生命值。

假如一個人一年只能存三十萬，好不容易五年存了一百五十萬，卻因爲一筆不當的投資，輸掉一百二十萬，這筆錢消失，也意味著你失去了四年歲月。因爲你未來必須多花四年，才能補回這筆損失。

這樣的投資比不投資還糟糕。因爲你沒有這麼多的四年可以賠。

當然，假如你一年可以存一百萬，好不容易五年存了五百萬，經過審慎評估後，做了一筆投資，即使不順利，但將虧損控制在一百萬以內，那就是用一年的青春歲月去換機會，這筆做錯，代價也不至於太大。

別一味羨慕別人賺多少錢，而忘了別人所冒的風險。

回答過數百位讀者的股票問題，也回覆過上千封信，以下是幾種常見的虧錢模式，提供給讀者參考，用以借鏡。

一、下跌過程，你買的是弱勢股，虧損了還繼續買進攤平。而不是去買大盤指數型ＥＴＦ，像是００５０、ＳＰＹ或ＶＯＯ等等。

二、買進後，賺錢賺五角，輸錢輸五元，也就是俗稱的「賺小賠大」。加上買來賣去，徒增交易成本，台股尤其嚴重，那結局往往是不好的。

三、單壓一、兩檔持股，想說是不是可以買到像航運那樣的飆股，或者像二〇二〇年特斯拉（代號：ＴＳＬＡ）的七〇〇%漲幅行情再現！

因爲單壓，所以沒有做好分配。單一個股的漲跌幅本來就比較劇烈，你的帳戶淨值波動會很大，心智成熟度必須更好，要不然賠錢還是遲早的事情，也很難賺到大錢。

畢大想跟你分享的是——

買進股票後，最慘的狀況就是買錯股，如果不再加碼攤平，虧損通常是有限的。

因為一開始去買的往往是閒錢，也就是不需要用到的錢。但如果買入後，股價一直跌，代表趨勢不在你這邊，卻還繼續投入更多錢，這時就很容易動用到生活上要用的錢。

會虧大錢，都是一而再、再而三去買更多股數造成的。「攤平」「賺小賠大」「單壓」，簡單來講就是這樣。這三點請牢牢記住，並且避免。

5 高資產族要花心思的不是股市，而是穩健的資產配置

「股價跳來跳去，常常叫人心癢癢。但怎麼買了就跌，賣了又漲，這叫哪門子的投資理財？根本是坑人的賭場啊！」

過去不少在股市中虧錢的人都這麼說。

確實如此，你不親自走進市場走一遭，無法體會這地方的迷人之處，以及可恨之處。

好友老張說：

「買股票就是找到好公司，一直買，不要理會就好。即便恐懼，也要逼自己拿錢出來買，唯有買很多股票，分散風險，加上買在低點，將來才有一

口氣賺數倍的可能。」

我笑著回他：

「不過，大多數人的狀況畢竟跟你不同啊！很多人是因爲本業沒有成長，反而拿著微薄的積蓄出來試試看，怎麼可能像你這樣一直買不停？其實眞的不容易，因爲買沒多少就沒錢了。」

老張是股票常勝軍，雖然也是以美股爲主，台股爲輔，但他走大波段與長線投資。

他認爲台股跟美股殊途同歸，最常搞笑說的一句話就是：

「人家常問股票到底要怎麼賺？我都說低買高賣，很簡單！」

他爽朗的笑聲，壯碩的身材，講一些渾話總讓一群朋友哄堂大笑。

老張家中的資產配置做得相當完善，股、債、金、保險、房地產，無一欠缺，非常齊全。股票也是短、中、長線，區分相當清楚。

他本來就生在不錯的家庭，母親我記得是嘉義望族，結婚到台北市定居，也是五、六十年前的事了。家中每天固定有打掃阿姨來打掃，這也不是什麼多誇張的事，畢竟也是有不少人會聘請外傭來照顧長輩。只是他們家的打掃阿姨是台灣人。

我們認識超過十年，其實一開始不知道這麼多，是後來慢慢相處，才知道家世背景差距如此大。

打掃阿姨每天來打掃兩、三個小時，六、日休息，這樣好像就給到三萬五以上的薪水。後來打掃阿姨年紀大了，就將這份工作傳給她女兒。繼續做的其實是原打掃阿姨的女兒，當然這女兒現在也已經四十幾歲還五十歲。

有一次，老張腳受傷動刀，我帶著簡單的伴手禮去他家拜訪。

我們在客廳聊天聊到一半，門鈴響起，看他行動不便，我趕緊協助他開門，看看是誰。原來是菜市場老闆送雞蛋和青菜過來了，水果當然有另外的老闆會送來，肉也是。品質當然都是最好，不能有絲毫閃失。

當年我有些愣住，原來什麼東西都是送到家。那年代可沒有什麼 Uber Eat 或熊貓外送。後來想想，其實是我沒見過世面，這也沒什麼，就只是不同階層的生活型態罷了。

就像我跟太座有時候會去陽明山走走，我們都喜歡山林，喜歡看著大台北的景觀。

看到山上的大房子，我笑著問太座說：

「妳覺得住這邊好不好？」

太座說：

「不好吧，雖然很美，可是買東西不方便，機能也不是很好，而且孩子長大上課怎麼辦？還有去市場買菜，都不知道要花多少時間？」

我想了想也是，跟太座有差不多的想法。

後來，有天我遇到富三代的P，他老家在天母，對陽明山挺熟，我就想問問P，到底是什麼樣的人會住那邊，畢竟眞的很不方便。

P當時笑得有點誇張，我則是一頭霧水，我說：

「頂多是想到請傭人下山買，不過同樣也是很不方便。老張畢竟是住市區，菜市場老闆還願意送，這我可以理解。」

P笑著說：

「陽明山住的是什麼人！拜託，都會送啦！怎麼會不送。」

回到一開始跟老張的對話，爲什麼他會有這樣的買股思維？因爲口袋很深的人，只要耐心等，等到好公司跌倒，等到大盤從高點往下走二〇%的時候，就開始買，一路分散的買下去，那勝算就極大。未來景氣大回春時，會賺到很驚人的數字。

這跟股神巴菲特的做法有很高的相似度。資金龐大的人確實有這樣的本事，能夠用這樣的做法。

選股也要挑選過，不能亂買一通，大盤指數型ETF，像是0050或SPY，就是一帖必備良藥。另外，民生消費股票也是他喜歡買的，股票名單其實大家稍微做點功課也不難猜。

短線要停損，但長線沒有停損。

短短這麼一句話，道盡了無數的炒股智慧。

但別忘了，若不是拿閒錢出來做股票，而且每月有源源不絕的現金流，又怎能在親眼看到大盤反轉向下時，依舊面不改色呢？

對大多數人來說，最難做到的就是：

一、拿閒錢出來，而不是生活上要用的錢。但對許多人來說，就是沒錢才要玩股票增加收入。

二、每月現金流穩定，甚至還會增加。很多人覺得自己本業薪水就是那樣，還能怎樣？殊不知本業還能更強大。而且越強大，你股票投資績效相對也會更穩。

三、心態正確。進股市不是追求刺激，而是眞的要賺錢。如果只是要刺激，那還有很多種運動可以追求，不需要進來玩這種金錢遊戲。

不要讓貧窮限制了我們的想像。

美國的印鈔政策，讓錢變得更不值錢，萬物齊漲也不用太意外。

高資產的讀者應該要反向思考，既然萬物都會漲，我們是不是保有最多的有價資產，可以永保資產增值，財富自然倍增。

道理就在那，是否實踐而已。

畢大想跟你分享的是——

在台灣，資產數千萬的人比比皆是，光是雙北，就有上百萬戶家庭具備這樣的資產，甚至上億的比例也超乎一般人的想像。

三十歲前沒什麼錢不要太沮喪，因為如果不是出身富裕家庭，這實屬正常。

不過，年輕時不打拚，到了六十歲的時候，依舊不會有什麼資產可以做配置。

至於有錢人為什麼要做好資產配置？重要性更甚於一般人？

因為達到一定的資產規模後，只要穩紮穩打，不要將全數的資金都壓在單一持股，基本上就能將財富傳到之後數代的子孫。

6 別幫自己的虧損找一堆藉口，才是永恆的獲利之道

專欄讀者來自四面八方，也有些是金融業、投信界的前輩，也都是曾位居高位的主管。

看到一則個人分享是這麼說的，我覺得挺有說服力：

「這是過去二十年來我看過最大的多頭氣氛，看著這麼多小羊紛紛跳入，連溢價產品也不放過賺錢的機會。」

大概意思是這樣。

看到別人賺快錢，又有幾個人能忍住？

投資理財如果走正道，在這時反而變的有點愚蠢，甚至被嘲笑。

在二〇二一年股市最熱絡時，也就是台股成交量每天都有六、七千億的

時候，去買個早餐，就聽到幾個中年媽媽在聊股票。

一位說著：

「唉，上次航運賣太快，怎麼知道衝上去這麼多。你還有沒有什麼可以推薦一下？中鋼最近開始動了，是不是來追一波看看？」

另一位捲髮阿姨說：

「誰叫你不信我的，買個長榮、陽明也在東怕西怕。你沒看那個誰誰說的，這是大傳產的時代。什麼科技股、台積電那些，已經沒行情了啦！懂不懂？反正這波跟著我押大一點就對了！你工作薪水也沒多少，你兒子之後不是要結婚嗎？房子頭期款要幫他出一些，就拚這次！」

類似這樣的情景，相信讀者應該能感受到當時股市熱絡的氣氛。尤其台股是新興市場，漲跌速度驚人。股價不斷創新高，要突破兩萬點關卡似乎指日可待。

畢竟現在全球熱錢還是相當豐沛，即便升息是今年的主論調，但股市、房市、加密貨幣等各種資產還是熱呼呼。熱度持續，將會破歷史紀錄。

股市一直漲好不好？說眞的，挺好的。

只不過，這麼美好的事情似乎不可能永遠持續。

偶爾盤中回殺一段，再拉上來，就讓許多人驚恐不已，但其實也沒多大的幅度。況且，即便跌大盤，先跌一〇％再上去，大盤回一千八百點，那還是多頭不變。

美股道瓊工業指數從三萬六千點回檔到三萬兩千點，相信這種幅度就會讓很多人帳面出現大幅虧損，無法安心入眠。尤其融資或重倉的投資人肯定就撐不住了。

爲什麼價值投資對美股可行？台股的效果卻不佳？

因爲美股有健全的法規，有誠信的公司較多，有世界級的大廠，以及數以千計的產品可以選擇。

而台股中，有太多中小型公司，股本也許沒幾億，籌碼也就那幾萬張。

如果投資人看看討論區就買股，或者看到一些影片推薦，就跑去衝一波，那麼請記得，買台積電或0050套牢的話還有救，反正放個幾年會回來。

不過，如果是小公司，別說下市，只要連續跌停三天，就會讓人食不下嚥，睡不著覺。

這些事情都不誇張，每隔幾天都有這樣的讀者來問問題。只是大家不會關心已經跌停的股票，更不會去關心已經下市的公司。新聞的風頭就那兩、三天，台灣一直都是這樣，其實也不能怪媒體，

一般人手上若沒有那檔下市或無量跌停的股票，又怎麼會有太大的感覺？沒有人關注，自然也不會再報導。

所以，**看好的股票也請不要梭哈。**

短時間賺錢，也不代表方法就是對的。

兩百萬全壓，變成三百萬，又再一次變成五百萬，甚至更多，但你不會永遠贏下去，踩到一次雷，就是夢幻泡影。

美股之前也有許多中小型科技股，漲非常多。像是二〇二〇年紅極一時的凱薩琳·伍德操盤的ARK基金（代號：ARKK），當時績效非常好，

因爲她買的許多中小型科技類股都漲翻天。不過，到了二〇二一年，整個績效不是落後大盤而已，而是大大虧損二四．一%。

一樣的道理也能運用在我們普通投資人身上。

現在大盤雖然還在歷史新高，但許多股票卻怎麼樣也上不來了。

為什麼要做投資？

看到許多影片介紹大致是說：

「由於本業是死薪水，想多賺一些額外收入，當然就想到了投資。股票跟基金又是最常見的兩種投資方式，以下我們……」

這段話乍聽之下很有道理，也很輕易打動閱聽人的心。但投資是有可能賠錢的，更確實的說法應該是「賠錢的人占了多數」。

相信讀者朋友肯定都聽過，做股票的，十個有九個虧。玩期貨的，一百個人有九十八個人虧。

股票還不是零和市場，長期投資還有股息的保護。但期貨選擇權是零和市場，意味著有人賺就有人虧，市場中虧錢的九十八人其實就是為了成就那兩個人。

期貨的三大功能是投機、避險、價格發現。

假如你不是拿來避險用，那能不能成爲投機之神，就看每個人的造化了，有時候努力也不見得有用。

不過，確實市場中存在這樣的高手。

那看看股票、基金市場。

許多人因爲想賺額外收入，貼補家用，所以才想要投資。

但這邊有個奇怪的陷阱，大家都在講投資，但是開戶完，大家就開始瘋狂進進出出，上班也無法專心，頻頻拿起手機看報價。股市現在又正火熱，就怕賺太少了會被笑。

趁著主管或老闆不注意，偷看一下報價畫面。中午吃飯完，以前會睡個午覺養神，現在變成不看盤受不了。畢竟每天幾千、幾萬塊輸贏，萬一漏看了行情，該賣沒賣，那不就慘了。

有沒有覺得這些畫面似曾相識？

這些事有對錯嗎？沒有。

問題出在，一開始說要長期投資，當股東，怎麼現在突然變成短線高手？非常多股市新人都是矛盾的。

短、中、長線，不同的交易週期有很大的差異。如果給自己一點時間試試短線也是可以的，但操作上要注意哪些事項？第一停損點的設置、移動停損點的追蹤、加減碼的資金分配、類股輪動的掌握、大環境的政策資訊、爆量後的籌碼流向……等等。

但很遺憾，非常多鄰居阿姨、朋友、同事、長輩，往往是當沖做成了隔日沖，隔日沖變成了短線交易，短線交易變成了中線波段，中線波段變成了長期投資，長期投資之後再騙自己是巴菲特學派，價值投資的門徒。

其實就是虧錢了、套牢了，捨不得認虧。一開始的短線鴻圖大志，再也不想多談。

投資、投機都可以賺錢，但牛頭要對牛嘴，不要不斷幫自己虧錢的部位找藉口。

這才是長留市場之中，永恆的獲利方法。

畢大想跟你分享的是——

在股市中短時間內賺到幾把的人，這太多了，不勝枚舉。但唯有完整經歷過至少一次多空循環的洗禮，還能穩定在市場中獲利的人，才算是合格的投資人。

很常看到一些中年人，趁著一波大多頭，賺到幾百萬、幾千萬，結果沒守住，反而因為越玩越大，後來摔倒，輸掉一切的案例。見好就收也是一種本事，不要一直為自己的虧損找藉口，才能長久在市場中打滾。

7 沒壞消息的跌最讓人擔憂，沒好消息的漲最讓人暗喜

有一次，我收到一封四十幾歲讀者的來信，他覺得上班實在很無趣，覺得每天去公司上班，就爲了賺那點微薄薪水，實在忍不住想多放點錢在股市。

雖然存款也沒有很多，但是在拉回時買入，至少這幾年看起來都是上漲過新高居多，有什麼不對嗎？

希望我可以給點建議。

其實是這樣的，股市的輸贏本來就會帶來興奮的快感，這類似賭博的感覺。問題在於，如果眞的要穩定操作，就要盡可能排除這樣的感覺，不然很容易衝動行事。

不可否認，當股數拿得太多、太大的時候，也會緊張，也會興奮，情緒也會忍不住波動起來。但就是要控制住，如果控不住，很容易誤判，這樣的話，還是拿小一點，會比較好。

舉例來說：特斯拉（代號：TSLA）拿十股不害怕，但是拿一百股就怕極了。

台積電（代號：TSM）買一百股操作都很正常，買三千股就全身不對勁，分分秒秒都像是過一小時這麼久。

對於這樣的讀者，我都會建議**拿小一點**。

只是聽不聽得進去，又是另一回事。

有非常多人都忽略了拿的張數（股數）其實也是需要訓練的。並非拿一張會賺，拿十張也會賺，這就是一個明顯的錯誤。

只是很多人容易忽略了這一點。

另外要探討的是工作的部分。

人不快樂，究竟是錢不夠用，還是因爲放錯了工作位置？

四十幾歲中年要換工作並不容易，這是千眞萬確的眞話。

但如果有心想要轉換跑道試試，事情倒也沒這麼嚴重。反正如果現在的薪水也不高，轉換跑道的代價就不會太大。

例如這位讀者，月收入四萬多，穩定是穩定，但也不算太高。假如月收入十萬，可能還會比較猶豫一些。

不妨想想看，是因爲上班得不到成就感，還是跟同事的人際關係沒弄好，才會搞得上班好像去坐牢一樣。

至於操作部分，過去在專欄文章曾寫過：

「大倉位（大部位）是加碼加出來的，是基本單獲利之後，一碼一碼加的。只有獲利才可以保護我們的部位，虧損不會。」

這句話的意思是：一段大趨勢眞的來了，就不可能只是來三天或五天。這麼短那就不是趨勢，只是日常波動。趨勢至少幾個星期，甚至幾個月，有的還超過一年。既然如此，你的單如果獲利，除了好好抱緊之外，加碼單也要穩穩的一單單上去。即便趨勢中斷，你也只是少賺，或者沒賺，並不會搞到大虧，除非你不停損停利。

一開始的操作基本單稱爲「試單」。金融大鱷索羅斯也說過，一開始看好一個商品，想買進十億的話，他會先放空一、兩千萬試試看，感受一些水溫。

如果空單一直賺錢，那就不對了，證明他自己原先想法是錯誤的，還好沒有眞的買進十億的單。

另外，《股票作手回憶錄》中，傑西．李佛摩也曾提過，年輕時，在酒館朋友好心跟他報了一檔股票，說是有什麼天大的好消息，他看了一下這幾天的價格走勢紀錄，發現一直跌，於是他「賣」這檔股票，放空一些單。

隔了幾天，朋友再度跟他說，這眞的很便宜，聽到疑似內部人一直買進，買很兇！要他特別注意一下。李佛摩笑笑的答應了朋友，轉身繼續放空加碼了一些股票。

兩星期後，股價徹底躺平了，朋友抱怨股票輸了很多錢，還害到他，眞的很抱歉。

李佛摩很開心的說：

「謝謝，你的消息讓我賺了不少。」

朋友一頭霧水，原本還很內疚害李佛摩虧錢，怎麼現在李佛摩卻跟自己道謝？這是怎麼回事？難道是李佛摩看穿了什麼？知道公司內部人買進是假消息？還是因爲知道大盤會不斷下跌，拖累股票？

都不是。

而是，如果眞有很大的買盤，那股票不應該直直落，所以李佛摩覺得不對勁，就賣一點。獲利出現了，就再賣一點，一直賣，打算賣到股價反轉，開始上漲爲止。

哪知道這家公司眞的躺平，股價一蹶不振。

股票短線操作不是兒戲，有時候要搞懂財務，有時候要搞懂產業前景，有時候要弄清楚自己手上有多少資金，要如何配置才能抱住股票。

但更多時候，**股票其實是心理學**。

要怎麼樣找到好公司，並且緊緊抱牢，過程中把表現不佳的爛公司賣出，用最小的虧損換取更多的好機會，這門課我們職業投資人花了數年鑽研，甚至有人花上一輩子。

金融市場不是隨便買賣就會贏的遊戲，最穩健的做法就是**找尋適合自己個性的股票去投資。**

中華電信看起來不會動，賺得也不多，但就是可以讓人穩穩賺到錢。

台積電看似股價很高，但現在可以買零股，也不會買不起。

美股中的蘋果（代號：AAPL）、微軟（代號：MSFT）、好市多（代號：COST）、麥當勞（代號：MCD）、寶僑（代號：PG），至少有上百家好公司都可以細心挑選。

對投資人來說，可以選大盤指數型ETF來投資，像是S&P指數（代號：SPY或VOO）。

也可以直接把資金拆成五到十份，投資在這些大公司上。短期會有震盪，但長期來說都能得到打敗通膨的報酬率。這就是一個好的開始。

畢大想跟你分享的是——

股票下跌的時候，如果都沒有看到什麼壞消息，這種時候往往必須擔憂，因為很可能有什麼事情是我們不知道的。

未見報、未公開的資訊才是可怕的。

如果是已經公布的壞消息，股價只有小跌，甚至不跌，那我們當然不用太擔心。

對於喜歡聽內線做股票的投資人來說，一定要小心自己是否已經成為最後一隻白老鼠。

CHAPTER 6

計程車上的人生

運將大哥與我的對話

1 富人有很多種成功方式，但共同點是什麼？

前幾天搭UBER，來了一部豐田Camry，司機大哥看起來五十多歲，一口流利的台語，腔調十分道地又好聽。一聊之下才知道是位將近六十五歲的長輩，住在台北市中山區，街道一聽就知道是精華地段。

知道他的年紀之後我有點驚訝：

「大哥你六十五歲？眞的看不出來，也太精神抖擻了，不簡單耶。你是退休出來跑車的嗎？」

這位運將大哥帶著太陽眼鏡，我忘記姓什麼，不過對話卻是讓我印象深刻。

「少年耶！你不知道，在家沒事幹多痛苦，一年就讓人受不了，趕緊買部車出來跑，腦子才不會鈍掉。家裡還有兩部車，一部賓士跟一部奧迪。」

我笑著回他：

「大哥你也眞趣味，現在的年輕人恨不得三十五歲或四十歲退休，還有渴望三十歲退休的。你可以遊山玩水、出國旅遊，或者帶著太太享受美食。出來跑車難道會比較好玩嗎？」

運將大哥用非常斬釘截鐵的口吻說：

「出國？哪個國家沒去玩過？外國就那樣，馬路是馬路、商店是商店，偶爾走走會覺得不錯，但後來，我跟我太太有整整三年都在玩，其實玩到第二年就已經很膩了，一個國家換一個國家。你不要不信，眞的有夠無聊！現在多少東西台灣就買得到！即便去國外比較便宜，我們搭飛機過去，時間不是錢嗎？哪有差那一點！台灣眞的是寶島，沒騙你啦！」

聽完運將大哥這番話，眞的快笑出來，尤其是這麼直白的形容。

原來這位大哥以前開公司，做香料的進出口貿易，像是黑胡椒粒那類的。早期利潤極高，後來毛利慢慢下滑，但還是可以做，就交棒給兒子，

兒子接手也十分認眞，他則是偶爾指導兒子，另外就是出來跑跑計程車，走走看看。

土地、房產、股票投資的相關話題，他幾乎都一針見血：

「早期台北市一堆幾百萬的房子，我們做生意的，有賺錢就買。哪有什麼大學問，紙鈔就是每年都薄一些，你看到原本五百萬的老公寓，二十年後怎麼變成一千萬？其實哪有什麼漲，只不過是鈔票價值改變了而已。就像我們賺錢，毛利下滑，可是營業額還是拉高不少，因爲隨著時間，我們會漲價啊！又不是北七（白痴）。」

我苦笑著回答：

「大哥你這樣說雖然沒錯，但現在三十幾歲的年輕人確實要買間台北市老公寓都不容易啊！那怎麼辦？」

大哥依舊用低沉渾厚的嗓音，流利的閩南語連發：

「台北市貴，不會去外圍買？以前我一間間的買，正市中心也是買不起啊。我就買外圍，一路都是找一坪十幾、二十幾萬的買。現在繁榮起來，我還是繼續放著，因爲錢放銀行沒利息啊。賣掉賺的錢也不知道要幹嘛，放哪邊？XXX，這就是全世界的趨勢，不看商業雜誌，好歹也看看有用的國際新聞。」

我又接著說：

「冒昧問大哥一下，做生意二、三十年，有沒有聽過用股票賺大錢成功的？」

畢竟我在股票圈子也是聽聞不少用股票翻身的案例，所以想說多問幾句看看。畢竟大哥年紀較長，以前又是當老闆的，眼界跟交友圈肯定比我們廣得多。

「沒有，跑路或欠債還在還錢的比較多。我摩羯座，卡務實！沒在玩股票。」

司機大哥還是相當明快的回答。

我說：

「可是現在台股一萬七千點，很多人都在玩，也都有賺錢。以前你們那個年代，股票應該更好賺才對。」

運將大哥說：

「股票贏錢又不是看漲的時候，要看跌下來的時候你留下多少才是眞的。

現在講這些的人，膨風居多。以前幾個朋友玩很大，風光的時候秋的跟什麼一樣，後來跑路，連電話都打不通。」

「那你是做生意的老闆，總會有很多消息、明牌之類。」我繼續問著。

「唉唷，人家明牌放給你，要不要跟上是你的事，他走了也不會告訴你，那不準怎麼辦？電視上投顧老師隨便跟你喊喊，大家看個電視就以爲可以賺錢，哪有這麼好康的啦！這道理很難懂嗎？他們砸了幾百萬買時段，又不是吃素的。」

有關創業、傳承、房產、股票，在半小時的車程中，跳躍式的討論，大致上也都聊完了。

對於這種講話節奏明快、一針見血，又有實務經驗的前輩，永遠都是很好的學習對象。

以前剛到台北的時候，不懂就是問，不會就再問。

有些天龍國的好友被問到不耐煩，我還是虛心求教，對於這個大城市的快速步調，早已習慣。

年輕時也曾想著：

「我也沒這麼多錢，學這些要幹嘛？」

相信很多年輕讀者一定也有過這樣的疑問。

但說眞的，我們站在巨人的肩膀上看到的視野，絕對有助於我們看到更美好的遠方。

很多人喜歡算要不吃不喝幾年才能買到房子。用這樣的算法，代表完全不了解資本市場的運作。

這類新聞也大多都應該直接跳過，以免浪費我們寶貴的時間。

股票也是，很多人以爲台積電六百元，擁有的人一定都是有錢人。殊不知當年買五十、一百，甚至兩百的人，其實未必是有錢人。只是現在用結果論去推，當然會認爲好過癮、好羨慕、好有錢。

小房子是買的，大房子是換來的。

小股數是買的，大股數是加碼來的。

感謝這位運將大哥，他說的幾點跟目前認識的富人說法一致：

一、都提到腦子太久不動會生病。

二、有錢之後仍要拚命找事情做。

三、賺錢到最後一定是比拚被動收入。

四、年輕最寶貴的是時間，千萬不要浪費掉。

五、覺得人家還在工作，一定是沒什麼錢才會這樣，如果有錢早就出國、天天玩樂，或者是躺在家裡看電視。這種觀念沒得救，財神爺想幫你都會嚇得跑掉。

每個年代都有困難要克服。過了某一個檻，就會海闊天空，看到不同景象。

畢大想跟你分享的是——

這位運將大哥有這樣的思維，也難怪是上個世代的老闆。
在那個困苦的年代可以有這樣的思維，或許就是他富裕的原因。
不管是股市、房市，都跟堅實的本業脫不了關係。
沒有穩定的現金流，就沒有做好股票的底氣。

至於退休？
能做事，就要繼續找事做。
完全沒事做的時候，你會發現，腦子空白太久真的會生病。

2 把台北東區房子賠掉的運將，受挫後的人生轉折

平常都以計程車跟捷運代步，有時候時間比較趕，沒辦法搭捷運，直接叫了 UBER 就往市區前進。

以過去的經驗來說，平均十趟計程車旅途，會有兩趟還滿有話聊的。

今天這位司機大哥滿斯文的，但身材壯碩，六十三年次，快五十歲。有兩個孩子，讀小學六年級，正準備升國中。

「大哥，星期天還出來跑車啊？這麼拚？」

基本上用這句當開場後，接下來就是進入 podcast 的時間。

司機大哥說：

「星期天反而比較好跑，而且也沒什麼事。做這行就是高工時，每天

十二個小時，不然要怎麼養家？」

是的，並不是每個人都生而富裕，也不是每個人都有好的機運向上翻轉。

我問著：

「大哥你哪裡人？」

司機大哥語氣緩緩的說著：

「我以前住東區，忠孝東路上，不過不成材，把家產敗光，現在不住台北了。」

聽到這邊，實在挺佩服這樣的人，失敗卻可以娓娓道來自己的經歷。一向欣賞這樣的氣魄，不簡單。

「當初做很多生意，幾乎都失敗，只能說沒有做生意的天分。爸媽都是公務員，就住以前祖先留下來的老公寓一樓。當時做生意欠了六百萬的債，爸媽也沒說什麼，大概十年前，把傳家的老公寓賣了，有賣到兩千萬。除了把債還掉，我們還可以去別的地方買房，爸媽還能安心養老，我也就近買了一間。」

我連忙安慰著：

「大哥別這麼說，至少比我們這種外地來台北，什麼都沒有的要好上許多。況且你以前做生意，也曾經是老闆，當老闆本來就不簡單。人家說創業只有二〇%的人會成功。如果每個人創業都會成功，那誰要當員工，對吧！」

聽完我說這段話，司機大哥總算有一點笑容，心情可能有舒緩一些吧！

突然右側一台房車往左切向我們，大哥連忙按喇叭警告，那台車才回原車道。

我往右看了一下，車上還有小孩，駕駛應該是帶著一家人出來走走，但眞的太危險，怎麼帶著小孩開車還這麼不小心。

司機大哥接著說：

「這種往往就是上班族，平常開車就是從家裡到公司一條路。六、日偶爾開車，看到路上比平常車少，一興奮就開快，也沒在管別人。這種也不少，習慣就好。」

後來我又問了以前做生意的事：

「有想過爲什麼會失敗嗎？」

他無奈的說：

「卡債、信貸，光利息就壓垮了。」

我腦海大概回推了一下時間，問說：

「是不是以前什麼喬治瑪莉現金卡，還是借錢是高尚行爲那家銀行？那幾支廣告當時害慘了不少人，很多不懂理財的人以爲那是好東西。後來還引發了很大的金融事件，多家銀行壞帳。」

大哥唉了一聲：

「就年輕不懂事，一張卡額度給四十萬，隨便弄個四張，就借到了一百六十萬。加上信貸，後來越滾越大，一發不可收拾。當時也才二十幾歲，哪有想這麼多，滿腦子只想著發大財。」

現在想想，六十幾年次，當年面臨的最大問題應該就是這個。也因此現在七、八年級生比較少人犯下這樣的大錯，他們的爸媽都會百般告誡，不要欠卡債，要不然很難還清。

司機大哥原本有一手好牌，不過沒打好，後來輸了。好在他很認分工作賺錢，加上爸媽是公務員退休，當年房子賣掉還有餘款，也不算是滿盤皆輸。

我一開始還不太相信，十年前老公寓一樓有這麼貴嗎？但是當他說出老家的確切位置，加上當時前後占用了多大的空間與實際坪數後，那確實不假，十年前應該就有這樣的價值。

我問著：

「十年前就能賣到兩千萬的老公寓一樓，如果放到現在，豈不是隨便都三千萬？」

他回說：

「是有可能啊！但當時就是欠債，還能怎樣，多說無益，過了也就過了。」

他自己也知道，好在也看開了。

對於兩個孩子的教育，他採取自由開放的方式，讓他們過了六年開開心心的小學生活，也都沒有補習。但是提到最近參加某私立國中的入學資格考，他說：

「兩個孩子出來臉都懵了，因爲一大堆不會寫。我趁機跟他們教育：你們平常在學校功課還不錯，知道那只是假象了吧！眞實社會是很競爭的。平常你們想玩，不想補習，爸爸也無妨，因爲讀書還是要自己眞的想念，不是別人逼你。更別提台北那些資源豐富的小孩，你們憑什麼覺得自己以後考得贏他們？再好好想想念書這件事吧！」

我心頭驚了一下：

「大哥你也太早讓孩子知道這些了！雖然他們有一天也會知道社會起跑點的不公平，但他們才小六呀！」

司機大哥說：

「要玩就要擔起這責任，不要現在別人在拚，你在玩，未來才抱怨怎麼都輸別人。其實啊！講到生育率低這件事，我覺得教育才是最難的。單純把孩子餵飽，倒沒這麼難，教育才是最燒錢的。當然也可以都不管他，看孩子自己的造化，這樣的話當然就很輕鬆。」

我靜靜思考著，沒說什麼話。

司機大哥的豁達，也許是因爲已經打過了美好的一仗，也祝福他未來越來越好，兩個孩子都能有更好的發展。

目的地一轉眼也到了，跟司機大哥說聲再見，互相打氣一番。

這是一個階級往下流動的故事。

台灣社會有很多比例的富人，但同時也有許多中產階級在流動。貧困家庭或清寒家庭，不一定是書讀得少，除了生病、意外之類的不可控制因素外，很多時候都是因爲不懂投資理財。

做生意有穩贏的嗎？輸的時候扛得起嗎？

當老闆要管人，還要管帳，加上跟客戶之間的溝通，這些事情都是磨練，不會比當一個單純的員工輕鬆。

至於卡債、信貸那些，也許有人借錢做生意成功了，但我相信陣亡的應該占了九五％以上。

龐大的利息壓力，蠟燭兩頭燒，再好的生意模式可能都撐不住。

畢大想跟你分享的是——

這位運將司機搬離了台北市，因為做生意失敗，將上一代的房子輸掉了。

這跟現在很多網路文章講的不一樣。以為住台北，就能穩穩一輩子當贏家，這是錯誤的觀念。更精確來說，基本上，贏面是比較大，但還是要繼續打拚來支撐自己想要的生活水平。

做生意本來就不容易，上班領薪水也不輕鬆。家中有房子，只是讓你更有底氣做點什麼事，不代表永遠都是贏家。

上一代也被拖下水的案例實在太多了。

3 壯志未酬的台商，回台當運將度過餘生

有一次中午跟朋友聚會，約好的時間看樣子是來不及了，搭了 UBER 就往市區直奔。

一上車就問司機大哥：

「請問一下，到目的地大概多久？」

司機大哥說：

「也要二十分鐘吧！你跟人家約幾點？」

我笑著說：

「沒關係，反正來不及了，我跟朋友 Line 一下，你慢慢開就好。」

司機大哥看起來白髮不少，臉上也不少皺紋，應該有六十歲了。穿著很

樸素，沒太多特色，講話平平淡淡的。

一開始我也是詢問最近車好不好開，生意好不好做，接著往往就是聽故事的時候。怎知，這趟計程車旅程，反倒成了一堂企業管理課。真的是讓我很驚豔的一趟旅程。

這位大哥民國七十幾年就到中國大陸做生意，算是早期的台商。

我聽到這邊，就想說那應該很賺，畢竟過去台商紅利不少，當時人工又便宜。

於是我笑笑說著：

「大哥您是退休回台灣開車打發時間呀？」

運將大哥依舊平平的語氣說：

「也不是。七、八年前我把廠子關了，員工通通都遣散了，算一算還虧了兩千多萬。」

「這我就不大懂了，以前去大陸不是都還不錯？況且以前景氣好多了。」

我這樣搭著話。

「當時擴廠很快，因爲當地給我全融資，而且一直鼓勵我們蓋廠，增加工作機會。我想要做大，於是借了很多錢，買了設備，幾百坪的廠房，員工逼近萬人。後來還是拚不過當地廠商，輸了。」

這位運將大哥此時透露的氣質，我才隱約感覺不是普通的台幹，原來曾經是一位大老闆，平靜語氣的背後其實是一種壯志未酬的遺憾。

我試著轉換氣氛：

「大哥您是做哪一種行業。」

「我做半導體零件。」

運將大哥這麼回答著。

「早期人工便宜，蓋廠應該也有補貼，您應該是輸在設備折舊，那些殘值可能不多。」

「嗯，那些設備都很貴，沒辦法。」

運將大哥後來關廠回台，一位朋友也是科技業的，請他去當總經理，公司有上市櫃，他也算是猛虎回台。

朋友一方面幫他個忙，另一方面也是要借重他的經驗帶公司二代，以後好接班。一個月薪水約三十五萬，另外算分紅，還有配司機。

我又納悶問著：

「聽起來那朋友對你也挺好，爲什麼不繼續做？」

運將大哥笑著說：

「那朋友的確是不錯，但你知道嗎？有些時候朋友還是當朋友就好，不要當同事，理念會越走越不同。」

是這樣的，公司老闆也就是運將大哥的朋友，當年覺得年營收接近百億應該夠了，獲利也有好幾億，穩穩的就好。

但運將大哥越做越起勁，江山都打穩了，也教會了很多東西給老闆兒子，於是他野心就上來了。他跟老闆說，做企業不進則退，對岸的追兵很快就到，一不小心就會變成夕陽，一定要更大才行。

這部分當然沒有絕對的對錯，老闆不願意，他也覺得做得沒什麼意思，就離開了，到處找朋友泡茶聊天，近幾年才覺得開 UBER 打發時間也許好一些。

這些「朋友」，有幾位還是檯面上我們熟知的幾位大老闆，他也提到一些彼此聊天的內容，這裡當然也不便公開。

我認爲這位運將大哥不是吹牛，也不是眞的缺錢才來跑UBER，比較像是一種事情沒做完的感觸。錢應該是夠用的，不過，大半輩子都在對岸打拚，結果失敗了，輸贏都是幾百、幾千萬，甚至數億。他有說到當年想要做到的程度，野心確實很大。

只做生意就是如此，你要養人、培養關係、衝刺業務，財務管理也要得當，眞的沒那麼簡單。

這位大哥六十幾歲，眞的要拚也不是不行。我指的不是拚錢，而是拚理想。有這麼豐富的建廠經驗，一手從無到有的創業實務，就這樣抑鬱餘生，實在可惜了。

很多人總會以爲工作就是爲了賺錢而已。

但馬斯洛需求理論中就提到了，人們溫飽之後，感覺安全、感覺被尊重，這些都很重要，最後則是自我實現。

人生走到後來，錢當然還是重要的，但看看自己的極限能夠走到哪邊，這何嘗不是一種挑戰？

不知道這位大哥還是否有機會東山再起，希望他能做到無憾。

到目的地了，我跟他說：

「很高興跟您有一番對談，十分精彩的人生。」

大哥臉上露出一絲笑容：

「我也是呀，剛好遇到聊得來的。人生不就這樣，起起伏伏，祝你用餐愉快啊，快去吧！」

經營企業跟投資相比，應該是更難。因爲要處理更多「人」的事情，同時也要處理各種現金流。就算有技術、有產品，無止盡的擴張，一不小心資金斷鏈，那可眞要人命。

至於跟各國的政商關係，那就更不用說了。政府是老大，不弄好的話，你什麼都幹不成。

常聽到很多人認爲自己就是因爲缺資金，逼不得已才當上班族。如果可以當老闆賺大錢，那就輕鬆了。不用看人臉色，更不用被慣老闆刁難，面對複雜的同事關係、明爭暗鬥等等。

但事實擺在眼前，許多創業其實不需要太多資金，只看你有沒有膽識。況且，跟銀行借錢變得很容易的年代，要生出幾十萬或上百萬，眞的沒有以前這麼困難。資金已經不是創業第一順位重要的事，可能是第三或第四順位。

記住，當老闆一樣要看客戶的臉色，並不是當老闆就可以誰都不用管。

當老闆沒有當員工來得輕鬆，因爲一年三百六十五天每天都要思考著公司存活的問題。今年賺了些錢，明年還會有嗎？會不會疫情來了，就把過去三年賺的都虧掉了？

畢大想跟你分享的是——

二〇二〇年爆發的新冠肺炎疫情，讓許多中小企業吃足了苦頭，更有許多小型餐飲業不堪虧損而收攤。

二〇二一年的五月到七月，台灣發布三級警戒，讓我們彷彿一整年被偷走了三個月。

現金流不能斷，做生意除了精密計算損益，更要精準計算現金流。

隨時保持資金的流動，讓自己有活水可以繼續經營下去。

員工的最大損失是失業，而老闆的最大損失則是背上大筆債務。

出來社會走跳，每個人都有機會當老闆，只是，選了這條路，很難再回去當員工。

4 歲月是把殺豬刀，四十五歲之後，沒有失業的本錢

有一次去新店拜訪老友，去程遇到的一位司機很有意思。那位司機胖胖的，笑起來很有福相，耳垂很大、很厚，讓我印象很深。

由於路途比較遠些，這種時候跟運將大哥聊天可以打發點時間。開頭的第一句永遠是：

「大哥，最近好開嗎？生意好嗎？」

通常九成以上的司機大哥就會連綿不絕的聊下去了。

他笑笑說：

「最近喔，生意有掉下去一些。」

我疑惑的問：

「最近不是疫情已經改善很多，聽到不少司機都說生意回到以前的七、八成的？」

他用爽朗的笑聲說：

「我也不知道，總之最近就不太好開。」

這位大哥六十一年次，五十歲左右，之前在一家美商工作，也做了很多年。

公司在台灣經營了非常多年，但怎麼樣都沒辦法賺到錢，還常常虧錢，於是就交給了台灣的代理商還經銷商之類的，讓在地團隊去經營，自己穩穩收授權費就好。

那原本的人怎麼辦？是的，人數超過三百人。

外商都很守法，該給的資遣費一毛都不會少。但公司高層也擔心一口氣遣散這麼多人，會遭致勞工局的「關切」，畢竟是一家大公司，怎麼辦呢？

公司就要求大家簽「自願離職同意書」，但也可以不簽，非常尊重大家。

我笑著說：

「那眞的有人簽嗎？」

運將大哥笑開懷，嗓門也提高：

「幾乎全部的人都簽了，因爲公司會給四倍的資遣費啊！哈哈哈！」

我聽到愣了一下才追問：

「怎麼這麼大方？」

運將大哥說，公司就是有錢，只要用錢就能解決的事，都是小事。

運將大哥沒說公司名稱，但一說產業，我馬上就猜到了，他也不掩飾了。爲保護當事人隱私，就不多談了，總之是一講大家都會知道的那種。

我接著說：

「那大哥應該也快要退休了吧！可以五十歲前退休，眞不簡單。」

運將大哥繼續說著：

「其實要退也不是很容易，雖然一口氣領了這麼多錢，但三個孩子，老大念大學，老二念高中，最小的才五歲。」

我問：

「老二跟老三差這麼多歲，是不小心有的嗎？」

他說：

「前兩胎是女兒，但是夫妻都盼望生個男生，尤其是太太，非常渴望兒子。」

結果這邊就聊到命理學了。他說有個很準的老師跟他太太說，命中應該有個兒子才對，就這兩個月，要就趕快把握，錯過就沒了。運將大哥半信半疑，但也就試試看，果眞一下就有了，還眞的是兒子。

這種事情我也沒什麼研究，只是笑說：

「這年代生男生女都一樣好，沒差。」

我猜他太太一定很溺愛這個兒子。果然一猜就中，運將大哥說的確如此，不過兩個姊姊都這麼大了，也不會跟弟弟計較，但我才不信。

所以這位六十一年次的運將大哥，還必須趁空檔來做 Uber。

畢竟找工作一年多了，資方都嫌他年紀太大，實在找不到工作。

即使之前也是外商的業務培訓講師，那也沒用。年齡眞的是把殺豬刀。

好在這位運將大哥很樂觀，他在中和的房子也是很早期就買了。有自己的房子，加上前東家的慷慨資遣，至少這段過渡時間開一下計程車，也能擋個幾年。

只是他也說了，三個孩子每次一開學，學費眞的很驚人。開學的月份，連同家庭生活費與雜費，十萬、二十萬就飛走了。太太很重視教育，花錢不手軟。他本身是比較隨意，不過看得出來是很疼太太的人。

我當然不知道他的四倍資遣費可以領到多少。我相信應該不會低於三百萬，但即便領到了五百萬，甚至八百萬，還是一樣每天辛勤工作。

退休計畫這事情，雖然坊間很多書都在鼓吹提早退休，但說眞的，除非原生家庭就有很多資源可以贊助，否則大多數人還是認眞、認分的做事。因爲夢想是美好的，現實是殘酷的。

你說缺錢嗎？其實如果只求三餐溫飽，在台灣並不是難事。

但說不缺錢嗎？小孩的教育費用可以無上限。

夫妻雙方的長輩如果生病，醫療也是可以無上限的，除非堅持只用健保，剩下就生死由天。

有些人單身，或者結了婚但選擇不生，要談提早退休，算是相對容易得多。要不然生一個、兩個、三個，都五十歲了，孩子還在高中、大學階段的很多。

或者是像這位運將大哥，中年才生子，那更不用談五十歲退休了。因爲五十歲的時候，後面還有大把的鈔票要燒，養小孩就是這樣。

常看到各種理財達人談一個大家最愛看的問題：

「在台灣，多少錢才夠退休？」

有人說一千萬，有人說兩千萬，甚至有人說五千萬，這些答案都對，也都不對。

每個人的家庭背景差這麼多，怎可能有標準答案？

況且，一千萬很多嗎？

如果一個四十五歲的人，有一千萬，但有三個孩子要養，加上太太是家管，等於要養一家五口，還有汽車、房租或房貸，雙親還要祖上積德，就算不留遺產，也不要罹患中風、失智症等各種慢性疾病，要不然，一千萬很可能沒幾年就燒光了……

也有人說：

「一千萬可以拿來炒股票，當專職投資人，如果每年有一〇%的獲利，這樣就有一百萬啊！」

別鬧了，一家五口，加上車子、房租或房貸，即便你每年都有一百萬的獲利，很可能還是不夠。不對，是鐵定不夠。

那你就會鋌而走險，去做更冒險的投資，常常悲劇就會找上門來，社會新聞都是這樣來的！

這種家庭不算貧窮，但中產階級如果理財觀念錯誤，就可能帶來天大災難。

因爲看了太多令人興奮的ＸＸ歲就退休的書或雜誌，滿腦子只想著四十歲或五十歲就退休，而沒有去思考人生往後時間還很漫長。

一家Ｎ口的費用到底是多少？

你能產生多少的被動收入？夠用嗎？

原本就貧困的家庭，不管懂不懂投資理財，未來都還有很長的路要走，沒辦法，起始條件就是比較差。

但原本是中產階級的，很可能因爲你不懂投資理財，一把火就把全家人的未來葬送掉，這才是最令人憂心的。因爲墜入貧窮，要往上重新翻轉就沒這麼簡單了。

而富人階級的孩子，往往教育資源都不錯，即便眞的不懂投資理財，也因爲有富爸媽、富爺奶，反正已經跨過了那個檻，就算不理財也無所謂。

相信讀者朋友應該還是中產階級居多，希望你們看到這篇文章，能夠放在心裡，不要眞的以爲買買股票就能提早退休，或者炒一波多頭就搞定。

一家人一輩子所需要的錢，在這個年代，往往比你想像的還多。

除非你的一家人就是你一人，那相對好解決許多。

不過單身者的理財有不同的課題要做，那又是另一個話題了。

畢大想跟你分享的是——

許多人都覺得當老闆比當員工好，卻忽略了當老闆要扛的是失去一切的風險。

兩者各有優缺，一定要根據自己的人格特質去做選擇。

至於中年失業，這是很多人的夢魘。即便當員工，也不能真的完全倚賴一份工作的收入，而不去創造更多的收入。

我知道這樣子過生活的人是多數，但也因為這樣，會讓自己步入中年時更沒有選擇的權利，這是很令人難過的。

要享受前一〇%的物質生活條件，就必須要趁年輕時付出別人更多的努力。

時間是我們的好朋友。步入四十五歲之後，會發現時間的寶貴。整個家庭的生活品質能提升到哪裡，不是看四十五歲之後做什麼，而是二十五歲到四十五歲之間你做了什麼。

5 忍功一流的運將大哥，出手買股，恰好買到低點

這天原本要搭 Uber，不過看了一下等待時間有點久，改搭小黃也不錯，能盡快上車最重要。

這位運將大哥看起來有點年齡，各種裝備非常齊全，袖套、太陽眼鏡，旁邊一瓶寶特瓶水，隨時補充水分。看到小時候也曾用過的袖套，感到無比親切。

路程約半小時，一樣開個頭：

「最近好跑嗎？生意有影響嗎？」

我看著窗外看風景，準備好要聽故事了。

這位運將大哥六十二歲，住三重，已經開始領勞保月退。看起來心情十分輕鬆，整個人用快樂來形容也不為過。

他大笑著說：

「我開計程車已經開四十年了，超愛開車。我跟你說，我年輕時就從早開到晚，每天十二個小時。我孩子都長大了，一個念大學，但是我叫她辦就學貸款，不想讓她過太爽。不過等她出社會後，我會幫她一次還光，這沒跟她講。哈。」

我一邊笑著，一邊疑問說：

「我每年搭這麼多趟計程車，您應該是很少數這麼快樂的，這真的很難得。您是怎麼做到這樣的好心情？通常運將都會抱怨賺不到錢，一個月只能休四天或更少，才能賺到五、六萬。難道大哥有做什麼股票投資嗎？」

我心想，該不會是因爲股票賺很多之類的，畢竟最近多頭行情如此熱絡，這麼問應該還算合情合理。

運將大哥繼續哈哈大笑著，用流利的台語說：

「以前年輕時就覺得跑車很好賺。開計程車是有方法的，不是路邊衝來衝去就有客人。至於股票我是完全不懂，過去都沒買，就去年三月終於被我等到。」

我心想：開計程車好賺？股票完全不懂，但去年終於等到，這又是什麼意思？

實在一頭霧水，只能硬著頭皮繼續追問。

運將大哥講到以前跑計程車的方法，語氣激動了起來，看得出來十分驕傲。

他表示，曾經好幾年年收都破百萬。那是十幾二十年前的事，現在當然體力是不行了，一天目標就是開八個小時，賺個兩千就好，即便只有一千五，他也可以花光光，反正都是多賺的，他才不要在家閒閒等死。

他轉頭問我：

「年輕人，我這樣說對吧！」

跟不同行業、不同圈子的人打交道久了，也很習慣跟人互動，我說：

「是啊！剛剛你說自己不懂股票，從來沒碰過，怎麼又說去年被你堵到，這是？」

運將大哥說以前沒錢，也不懂股票，但就是拚命存錢。在二〇〇三年SARS發生的初期，運將大哥當年很篤定房子不會再跌，就買了三重一樓帶地下室的公寓。

當時買四、五百萬，只是後來又繼續跌更深，那沒辦法，誰猜得中最低點。不過無妨，自己住的房子哪有差，就是住著住著，現在價值也是翻倍，而且離捷運站步行三分鐘。

他後來離婚，沒說原因，他一邊養兩個孩子，又繼續存錢，一存好多年，直到二〇二〇年新冠肺炎疫情爆發，三月股市大跌，他才去開戶，買了股票。沒買到台積電，他很氣，運將大哥說到這段恨得牙癢癢。但買了很多鴻海，還有其他績優股票。他說：

「等了十幾年，就爲了這次，以後也不會再買股票了。」

他買了股票之後就完全沒進出股票，只是繼續當個快樂的運將先生。

他說以後房子留給大女兒，二女兒就分五百萬現金給她，剩下的要自己花光。要不然都給女婿拿去爽了，他會很不甘願。是位很傳統的台灣長輩，觀念也是，覺得女婿是外人。

這位爽朗的大哥，眞是我看過最黑皮的運將司機了，他還提到前幾天帶女朋友去九份玩。

有時候想想，人到底需要多少錢才能得到快樂？遇過許多高資產人士，年收數百萬，總資產上億，但還是不開心，常常想要找尋更快速致富的方法。

不過，也有像今天的運將大哥，樂於自己的工作。當然，也要優先把自己跟家人照顧好，錢還是一定要的。

我相信他在股票的財富不會太多，畢竟買的不是台積電，但是買在低點，他說每年光股息就領X萬，這筆是閒錢，加上自用住宅無貸款，絕對稱得上財務自由，這應該沒問題。

這位運將大哥也許不是股市專家，但絕對稱得上忍功一流，並成爲贏家之一，這也算是一種投資方法。況且投資股票也不是他的本業，有賺一些就好。

畢大想跟你分享的是——

股票不是短線衝來衝去才會賺，大多數人都是跟著企業長期成長，這樣賺的錢才會多。

雖然也是有短線高手成功賺到許多利潤，但那終究是萬中選一的高手。

像文中這位忍功一流的運將大哥，到了六十歲也是財務自由，身價數千萬。

因為在台灣，基本上有房子就先贏一半，剩下的另一半就是靠本業跟股票去累積。

兒女成不成材，這個無法預料，但要生幾個自己可以控制。

當各種變數都思考衡量過後，就會發現，在台灣，要過舒適的晚年生活，真的沒這麼難。

Eurasian Publishing Group
圓神出版事業機構
用心與你對話・視野無限寬廣
先覺出版社
Prophet Press

www.booklife.com.tw　reader@mail.eurasian.com.tw

商戰 223

最美好、也最殘酷的翻身時代

畢德歐夫帶你掌握理財5大關鍵

作　　者／畢德歐夫
發 行 人／簡志忠
出 版 者／先覺出版股份有限公司
地　　址／臺北市南京東路四段50號6樓之1
電　　話／（02）2579-6600・2579-8800・2570-3939
傳　　真／（02）2579-0338・2577-3220・2570-3636
總 編 輯／陳秋月
資深主編／李宛蓁
專案企劃／尉遲佩文
責任編輯／劉珈盈
校　　對／朱玉立・劉珈盈
美術編輯／李家宜
行銷企畫／陳禹伶・黃惟儂
印務統籌／劉鳳剛・高榮祥
監　　印／高榮祥
排　　版／陳采淇
經 銷 商／叩應股份有限公司
郵撥帳號／18707239
法律顧問／圓神出版事業機構法律顧問　蕭雄淋律師
印　　刷／祥峰印刷廠
2022年5月　初版
2022年5月　4刷

定價 350 元　ISBN 978-986-134-417-1

財富的價值，不只是讓我們想買什麼就買什麼，而是讓我們有「選擇」的權利。選擇生活的方式、選擇工作的模樣、選擇生活品質的程度……等等。價值觀正確，走正道。你將時間花在哪邊，將來自然會慢慢回報。

——畢德歐夫，《最美好、也最殘酷的翻身時代》

國家圖書館出版品預行編目資料

最美好、也最殘酷的翻身時代：畢德歐夫帶你掌握理財5大關鍵／畢德歐夫著. -- 初版. -- 臺北市：先覺出版股份有限公司，2022.05
320面；14.8×20.8公分

ISBN 978-986-134-417-1（平裝）

1. 理財　2. 投資
563　111004030